決定版

為替が動くとどうなるか

What will happen if the yen weakens?

金融データシステム代表
角川総一
Soichi Kadokawa

はじめに（2024年 決定版発行に際して）

― 「今、これが分からないと世の中の動きが分からなくなったな」というテーマの1つが「為替」であろうと思います。思い切ってマクロのレベルで言いますと、日本の経済規模（GDP）に占める輸出入の比率は急速に上昇してきていますし、中国の巨額に上る貿易黒字や原油が高騰する中でのロシア経済の急膨張なども為替相場の動きを抜きにして語れません。

あるいは身近なところで言えば、日本の超低金利を嫌い、大量に海外にシフトしている資金が一気に日本に逆流してくれば、急激な円高を招き、これが日本の自動車、電機、精密、機械、エレクトロニクスというわが国の産業を支えている企業群の収益が一挙に縮小してしまいます。さらには急速な円高が進行する過程で、わが国の個人が海外に有している50兆円程度とも見込まれる外貨建て資産 (株式、債券、投資信託など)の価値が急落します。

逆に円がユーロや豪州ドル、中国人民元などに対してさらに安くなっていけば、日本のインフレは本格化します。ガソリンも小麦も銅の国内価格も上がります。つまり、わが国のほとんどすべてといっていい製品類の価格は上がります。

一言で言うと実体経済面でも、マーケット経済の面でも急速にグローバル化が進展してきているのです。そして言うまでもないことですが、こうした国境を越えたもろもろの経済活動はほぼ例外なく為替相場を介して行われます。―

以上は、本書の初版が2007年に発行されたときの「はじめに」

です。それ以来 17 年もの年月を経過したにもかかわらず、ここでご披露した時代認識は「中国の巨額の貿易黒字」「ロシア経済の膨張」を除けば、今でもほぼそのまま通用することに改めて驚きを禁じえません。

　旧版の「はじめに」で取り上げた「日本の GDP に対する輸出入の比率」はさらに上昇を続けています。2007 年当時せいぜい 10％程度だった輸入比率はすでにその 2 倍の 20％程度にまで上昇。また、円安で日本のインフレ率が 30 年ぶりに本格上昇し始めたことは私たちが今、まさに経験しつつあることです。毎年 2 〜 3％も物価が上がるという時代は、私たちは過去 30 年以上全く経験してこなかったのです。
　さらには、2024 年には新型 NISA という投資に伴う非課税措置の拡大を受け、個人の資金が大挙して投資信託などを通じて海外の優良株式、高利回り債券の購入に向かっています。それも過去にはなかったくらいの規模の資金シフトです。
　いうまでもなく、これらの事実はさらに今までより為替相場が私たちの生活、ビジネスに及ぼす影響が格段に強くなってきたことを如実に示しています。

　さらに言うと、旧版（2007 年）以降のわが国経済の変化は私たちの予想を超えるほど急速なものでした。2010 年には経済規模で中国に抜かれたのを手始めに 2023 年にはドイツに、さらに 2025 年にはインドに抜かれて世界 5 位の座に甘んじることはほぼ確定的です。経済規模が相対的に小さくなれば、海外経済からの影響を

より強く受けることは言うまでもありません。

あるいは、すでにわが国の平均賃金はすでに韓国に抜かれています。東京では800円でありつける昼食料金ですが、NY、ロンドンは言うに及ばず上海でも日本円に換算すると2000〜3000円程度は当たり前だという時代なのです。

明らかに私たちをめぐる経済環境はヒト時代前とは様変わりしているのです。そして言うまでもなく、これらの大変化を引き起こしている直接の原因は為替相場の変動です。

円が国際社会でどの程度の評価を受けているかを示すのが円相場です。その価値が2023年から急落、2024年半ばには1ドル＝150〜160円と、三十数年前の1990年時代に逆戻りしています。一時は1ドル＝70円台まで円高が進んだ2011年ごろに比べると、円の国際経済社会での使い勝手は、半分以下にまでシュリンクしてしまいました。

さらに付け加えると、急激に進む円安は国内の物価を引き上げ、トヨタ自動車に代表される日本の輸出企業の業績に大きな下駄を履かせ、といった影響にとどまるものではありません。急激な円安が海外からの旅行者を急増させ、インバウンド消費を押し上げ、日本各地で街ゆく人の顔ぶれをまるで変えてしまったこと、コンビニでは日本より平均賃金が高い中国、韓国のスタッフがほとんどいなくなってしまったこと。これらはいずれも急激に円安が進行したことと密接に関係しています。

また、この調子で円安が進んで海外諸国との賃金差が広がれば、日本への出稼ぎ労働者が激減、少子高齢化が急速に進む日本経済で

起きている人手不足に拍車がかかるのは必至です。またインフレは特に高齢者の生活に大きなダメージを与えることは日の目を見るより明らかなことです。

　今、多くの方が2007年の初版の「はじめに」冒頭で記した「これが分からないと世の中の動きが分からなくなったな」という感覚をさらに強く感じておられるはずです。
　以下、2007年版の「はじめに」のほぼ全文をここに記しておきます。

（冒頭の「はじめに」から続く）
　しかし、この為替相場について基本的なレベルでの理解さえ行き届いていない方が多いと思います。最も初歩的なレベルで言うと「1ドル＝120円」から「1ドル＝100円」への変化を直感的なレベルで「円高」と反応するだけのイメージをいまだ獲得されていない方。また「円高で自動車、電機の輸出競争力が減退」というワンフレーズを実感として受け取りにくい方が多くいらっしゃいます。本書はまずこのレベルから説き起こそうと試みました。
　続いて、なぜ為替相場は動くのかについての基本を示したのに続き、実際に新聞紙上で為替相場の動きをウォッチするためにはどの欄をどのように意味づけながら読めばいいのか、をひとわたり説明しておきました。
　こうした基本が分かって初めて世界中を流れている資金の流れのありようを理解できるのだと思います。たとえば、昨今のグローバルレ

ベルでのお金の流れを理解するためのとても重要な円キャリー取引という概念。

　さらには円安がこのまま進むと国内物価や輸出入企業の業績にどのような影響を及ぼすかという基本だけではなく、国境を越えた人の出入りがどのように変化するのか、さらには外貨での資産運用の収益をどのように変えていくのか。そして、それらが我々の生活にどのように影響するか？が徐々に見えてくるはずなのです。

　本書は、初心者を想定した上でできうる限り日常用語に近い言葉で説明することを心がけるとともに、理屈を述べる箇所についてはつとめてその証拠を具体的なデータとして示すことに意を払いました。

　本書を一読していただくことにより「ああ、為替の基本的な仕組みってこうだったんだ」「為替相場は原理的にはこんな簡単なメカニズムで動いていたんだな」とひざをポンと打ってもらえたらとてもうれしく思います。

2024年8月28日記す
金融データシステム代表
角川総一

はじめに（2024年 決定版発行に際して）

序章　為替が身近になってきた

1　38年ぶりの円安水準に物価高。急激な変化をとらえ直す　16
　　低金利と低成長、貿易赤字が円安を招いた
　　物価が上がり、生活が苦しく

2　外貨所有は「リスク」か「リスクヘッジ」か　21
　　外貨保有のメリット

3　いまやあなたのお金が為替相場を動かしている　25

4　為替がわからないと世の中が読めない！　27
　　日本企業の海外での活躍とリンクしない国内景気

1章　為替の基本のキホン

1　為替はそもそも遠隔地間での送金、決済方法だった　32
　　為替の基本は、遠い場所との貸借決済
　　外国為替のしくみ

2　米ドルが基軸通貨である理由　36

3　金融機関はこんな市場で通貨取引を行っている　38

4　為替市場は世界をどうめぐる？　40

5　為替レートの基本は5つ　44

| 6 | 為替相場を動かす要因その1──貿易取引 | 48 |

　　　輸入に伴う需要の発生
　　　輸入に伴う動き

| 7 | 為替相場を動かす要因その2──資本の取引 | 52 |

　　　1．投資のための外貨売買
　　　2．買収のための資本取引

2章　為替を実感する

| 1 | 円高・円安がわかりにくい最大の理由 | 56 |

　　　外貨を主語にして為替を考える
　　　為替の表現方法は万国共通ではない
　　　　『1ドル＝100円』はドルを基準に置いた為替表示　61

| 2 | 円高になると輸出企業青ざめ輸入企業が喜ぶ | 62 |

　　　輸入の場合は

| 3 | 円高の影響はドル建てでも円建てでも基本は同じこと | 66 |

　　　相手の立場から考える
　　　　目からウロコの輸出入損得イメージ　70

| 4 | 「円高」はあなたにとって悪いこと？ | 72 |

　　　　為替相場の変化率をめぐる摩訶不思議な話　75

| 5 | 円安が及ぼすメリット・デメリット | 76 |

　　　円安と国内金価格
　　　円安と原油輸入
　　　円安と輸出メーカー

| 6 | 為替相場の損益の考え方のキホン ―――― 80 |

  輸出業者にとって円高とは
  外貨預金利用の場合

| 7 | 円高で青ざめる日本人の感覚は国際標準にあらず ―― 85 |

| 8 | 「円高」「円安」は経済のスタビライザー ―――― 87 |

  円高がスタビライザーになるとき
  円安がスタビライザーになるとき

3章　為替が動くメカニズムを徹底理解する

| 1 | 輸出主導の経済成長は円高を促す ――――― 92 |

  製品や通貨に対する需要が高い通貨は上がる
  人気が集中する3要素

| 2 | 景気のよしあしと貿易収支が為替相場を動かす ―― 96 |

  企業の輸出が増えると円が上がる理由
  個人消費が生産を上回ると為替相場は下がる

| 3 | 内外金利差が為替相場を動かす ――――― 102 |

| 4 | インフレ率の差が為替を動かす ――――― 106 |

  購買力が各通貨の強弱を決める
  物価水準を基準にして為替の方向性を見る
  物価が上がっている国の通貨は通貨価値が下がる

| 5 | 株価が為替相場を動かす ――――――― 114 |

| 6 | 円高になれば日本株が下がる理由 ――――― 119 |

　　　　　円高を値上げのチャンスにする起死回生策
　　　　　円高時の業績悪化を食い止める不屈の努力

[7] 円高になれば国内物価が下がる理由 ──────── 126
　　　　　円高の影響は輸入品だけに限らない

[8] 為替相場をめぐる常識が崩れてきた ─────── 132
　　　　1，円安でも輸出量は増えない
　　　　2，円高・円安からの影響を受けづらくなってきた日本株
　　　　3，日本株高が円安を促すことも

[9] 日本は長らく世界一の低成長国なのになぜ円高だったのか 136
　　　　1，労働コスト削減と生産の効率化
　　　　2，世界の資金が円買いに向かった
　　　　　　債券が売られれば利回りが上がる理屈　139

[10] 物価・為替・金利がお金の価値を測る３つのメジャー ── 141
　　　　　第1のメジャー：物価
　　　　　為替もお金の価値を測る2つめのメジャー
　　　　　第３のメジャー：金利
　　　　　3つのメジャー：物価、為替、金利の相関関係

4章　円ドル相場だけで為替を語るな

[1] 米ドルとその他の通貨はバラバラで動く ─────── 150
　　　　　米ドルとの関係が徐々に薄れてきている

[2] 対スイスフランを尺度に各通貨の強弱感を見る方法も ── 155
　　　　　スイスフランから見た世界の通貨
　　　　　　国際収支　159

| 3 | 実効為替レートで円相場の動きを見よう (1) | 161 |
| 4 | 実効為替レートで円相場の動きを見よう (2) | 164 |

   実効為替レートと円ドル相場の関係

| 5 | さてでは実質実効為替レートとは | 167 |

   輸出企業にとっては実質実効円レートのほうが重要!

5章 為替データを読みこなす

| 1 | 外国為替関連のデータを読む | 172 |
| 2 | 銀行間での直物(じきもの)為替相場を読む | 174 |

   為替は銀行間の売買相場が基準

| 3 | 対顧客直物相場を読む | 178 |

   通貨によって全く異なる為替コスト　181

| 4 | 対顧客先物相場を読む | 183 |

   先物取引のメリット・デメリット
   対顧客先物相場の読み方

| 5 | 時系列で為替相場を読む | 187 |

   海外為替の読み方

| 6 | クロスレート表を読む | 189 |
| 7 | 実効為替レートを読む | 191 |

   実効為替レートの読み方
   日経新聞・為替指標の読み方まとめ　194

6章 これからどうなる為替と経済

1. 円キャリー取引がわかれば世界のお金の動きが見えてくる ― 196
   リスクに敏感な円キャリー取引のマネー
2. 世界が不安になると円が買われる理由 ――――――――― 201
3. 金利差だけではなく、購買力平価も考慮せよ ――――― 205
   金利差だけに注目して為替取引するのが危険な理由
4. 企業が為替相場の変動から受ける影響を示す為替感応度 ― 209
5. 韓国ウォンが対円で下げれば日本株は安いのはなぜか？ ― 213
6. 海外債券ファンドの運用成績がこれまで安定していた理由 216
7. 日本株と米株では為替に対する反応は逆？ ――――――― 220
8. 市場介入 ――――――――――――――――――――― 223

序章

What will happen if the yen weakens?

為替が身近になってきた

0-01 38年ぶりの円安水準に物価高。急激な変化をとらえ直す

> 2024年7月11日、ドル円相場が一時1ドル＝160円台を突破した。これは1986年以来の円安水準。特に2000年以降の円安ペースは急激であり、4年半で円の価値が37％下落している

低金利と低成長、貿易赤字が円安を招いた

　円安の主な原因は、日本の**低金利と低成長率**です。

　30年以上の超低金利政策にもかかわらず、日本経済の本格的な回復の兆しはほとんど見えません。

　かつて日本が誇った家電やハイテク機器分野では新興国企業に後れを取り、デジタルやクラウド分野でも米国企業との競争に乗り遅れたことが、日本経済の低迷を象徴しています。

　この状況は、「**成長率が低い→金利を低くせざるを得ない→金利で魅力がない円は売られて安くなる**」という経済原理そのものです。

もう1つの円安要因は、日本の**貿易収支が黒字から赤字に**転じたことです。

2008年頃から貿易収支は悪化し始め、2020年以降はその傾向が顕著になりました。原油価格をはじめ、国際商品市況の高騰が主な原因です。小麦、大豆、銅、アルミなどの資源価格上昇は、これらをほぼ全て輸入に頼る日本経済に大きな影響を与えています。

輸入増加は円売り・ドル買いを促し、輸出減少は稼いだドルを円に換える取引（円買い）を減らすため、両面で円安を助長します。

こうした日本の海外との交易構造の大きな変化が、円安を加速したのです。

物価が上がり、生活が苦しく

　円安の進行に伴い、私たちの日常生活にも様々な変化が現れています。まず、輸入物価上昇による**物価と各種サービスの値上げ**が挙げられます。日本でインフレが本格化した2022年4月から2024年半ばまで、消費者物価は一貫して前年比2％を上回り、この間の消費者物価上昇率は10％近くにも上ります。短期間でのこれほどの物価上昇は、過去数十年私たちは経験しなかったことです。

　もちろん物価の上昇は、実質的な収入を減らします。この2年数ヵ月で、名目賃金はせいぜい5％程度の上昇にとどまっています。つまり**実質的な収入は相当なピッチで減少し続けている**のです。

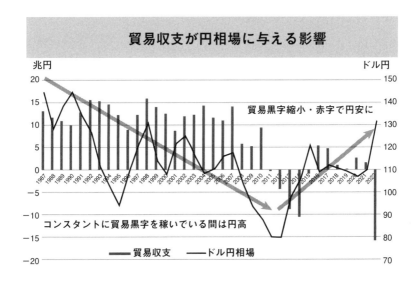

　今回の急激な円安で、海外留学生や赴任者、旅行者にとっては、

円の海外での使い勝手が格段に悪くなりました。ハワイ旅行費用は10年前の50万円から80〜100万円に上昇、米国留学の生計費も3〜4割増加しています。あるいは収入が伸び悩む中で、ガソリンや各種穀物、食料品など輸入品価格の高騰で、個人消費はさらに低迷を続けています。**経済成長の最大のエンジンである個人消費が低迷**している限り、日本経済の本格的な立ち直りが難しいことは言うまでもありません。

　もちろん円安は、**ドル換算した日本のGDP（国力・経済規模）を引き下げ**ます。このため、2023年にはドイツに抜かれて世界4位になったのに続き、2025年にはインドに抜かれて5位に後退する見込みです。1995年に一時米国を抜いて世界一になりかけた日本の経済規模は、今や米国の6分の1にまで縮小しているのです（2023年時点）。

　もっとも、円安による変化には好影響もあります。トヨタ自動車などは急激な円安のおかげで**史上最高の営業利益**を記録しています。あるいは2024年以降、インバウンド消費は急拡大しています。これに伴い、ホテル・旅館や高級レストランの業績が一気に改善、外国人相手の小売業とそうでない業態との格差も拡大しています。

　さらに、円安は日本の労働市場にも変化をもたらしています。日本人の平均賃金が韓国に抜かれたというニュースや、日本で働く外国人労働者の出身国が中国・韓国からベトナム・ネパールなどに変化しているという報道は、日本での労働が中国や韓国の人々にとって賃金面で魅力を失いつつあることを端的に示しています

消費者物価の中でも特に必需品価格が高騰していること、海外旅行へのハードルが高くなったこと、実質賃金が減少し続けていること。多くの家計経済にとっては**今回の円安は、デメリットの方が大きい**ことは日の目を見るより明らかです。こうした生活へのしわ寄せを食い止め、逆に活用するための最終的な決め手となるのは、資産の一部を外貨で保有することです。そしてそれを有効に行うには、外国為替の基本と円相場変動に伴う経済メカニズムを理解することは必須です。

　おそらくこれからは、過去には経験しなかったレベルで、私たちの日常生活、そしてあらゆるビジネスが為替からの影響にさらされることになります。為替相場が私たちの生活に与える影響は、不可逆的に大きくなる一方だと考えるべきでしょう。

　以上は2024年8月現在の為替相場の動きを前提に、円安が私たちを取り巻く経済社会環境の変化をスケッチしましたが、再び為替相場の行方は混沌としてきています。

　日本が2024年7月末に利上げを行ったとともに、米国の景気への懸念が一気に噴出してきたことで、その後に再び円高・ドル安に大きく振れたのです。これは、日本の利上げ⇒米国の景気不振から利下げが速まる⇒日米の金利差が縮小する、という連想によるものでした。

　為替相場は、しばらく神経質かつ荒っぽい動きをするかもしれません。

（2024年8月記す）

0-1 外貨所有は「リスク」か「リスクヘッジ」か

> 外貨を持つことがリスクと思えているうちは、幸せだ。世界には、自国通貨だけしか持たないことをリスクだと考える人のほうが圧倒的に多い。外貨の所有は、円安インフレに対するリスクヘッジ機能を持つ

　大分前のことですが、一時日本に滞在していた韓国の大手証券会社の幹部氏と話していたときのこと。

　私が「日本人はどうも外貨を持つことに躊躇する人が未だに多い。どう思うか」と尋ねたのです。すると彼は予想通り「うらやましいですね。自国通貨だけを持っていれば安心というメンタリティは、私の国には基本的にありませんから」と言います。そこで私は「ああ、やっぱりな」と思うのです。

　あるいは昨今、あちこちの銀行でスタッフの方々と雑談するおりにも、次のような会話になりがちです。

　「外貨預金とか外債ファンドなどをお勧めしても、『でもいつガクッと下がるかわかりませんからね』と尻込みされるお客様がまだ多いのです」と。つまり、まだまだ **「外貨建て資産を保有する」＝「為替差損を被るかもしれないのでリスキー」** と直感的に反応する

人が、一般には多いようなのです。

　さて以上の２つのエピソードを通じて、私が何を感じているか、おわかりでしょうか。
　キーワードは韓国の知人が漏らした「うらやましいですね」です。
　つまり、**「日本以外の多くの国の人は、外貨建て資産をいくばくか持っていなければ安心できない」「金融資産として自国通貨だけしか持っていないことが心配だと感じる人のほうが世界中には多い」**ということなのです。
　１つヒントを申し上げましょう。

> **Thinking Time!**
> 　アルゼンチン、ブラジル、メキシコ、タイなどで生活する一般の人々は自国通貨だけしか持っていなかったら、これまでどんなひどい目にあっていたでしょう？

　そう。ここまでくれば、おわかりいただけると思います。
　外国為替市場で自国通貨が徹底的に売られて急落した場合、自国通貨だけしか持っていなければ、それこそ海外からの輸入品価格が急騰、とても手が出なくなります。
　贅沢品だけではありません。原油価格が高騰すればあらゆる製品の価格が上がるのですから。つまり生活レベルが確実に落ちるのです。実は、過去60年において自国通貨が急落、こうした輸入インフレに悩まなかった国はごく数えるほどしかありません。

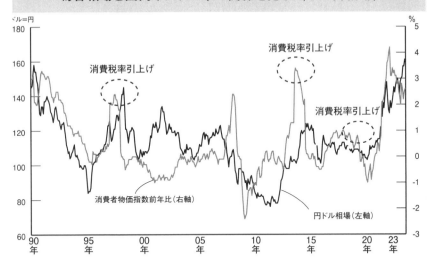

為替相場と国内インフレ率の関係を見る（ドル円相場）

　自国通貨安に伴うインフレの理屈は簡単です。

　グラフに示されている通り、「円安」になれば、ほぼ確実に国内の物価は上がり、「円高」は国内物価を下げます。

　つまり、金融資産として**円だけしか持っていない状態で「円安→インフレ」に見舞われたら、確実に消費レベル（生活レベル）を落とさざるを得ない**のです。

　2024年にかけてのドル高・ユーロ高で、イタリア製のヴァイオリン価格がおおむね3割方上がりました。あるいはフラメンコを趣味にしている知人は「スペイン製の靴やら衣装はとんでもなく上がってきたね」とぼやいていたのを思い出します。

　いうまでもなくこれらは生活必需品ではありません。したがって生活レベルが落ちたわけではありません。

　しかし、これから円安が続くようだと、間違いなく生活必需品に至るまで、国内の物価はさらに上がります。つまり**円の値打ちは下**

がるのです。

　ところが私たちは、長期にわたって円の対外的な価値が3割、4割下落し続けるといった経験を（幸いにも）しなくて済みました。

　冒頭の韓国の知人が漏らした「うらやましいですね」という言葉には、こんなニュアンスが含まれていたのです。

外貨保有のメリット

　しかし、2013年以降明らかに潮目は変わりつつあります。2012年に1ドル＝70円台まで円高が進んだのをピークに、その後、円安傾向が続いています。さらに2024年頃からはその円安ピッチが一気に速まってきているのです。

　これまで、30年以上にわたり2％以上のインフレを経験してこなかった私たちは今、足元で物価が2％、3％上がり続けるという全く新しい世界に入ってきたのです。

　「外貨を保有すること」は「為替差損を被るかもしれないというリスクを引き受ける」だけではなく、同時に「円安になったときには為替差益を得て、それで円安インフレによる生活レベルの低下をいささかでも緩和できる」という面も持っているのです。つまり**円安インフレヘッジ機能**という側面も持つのです。

　近年、個人による外貨預金や外債ファンド等外貨建て商品への投資が増えてきているのは、以上のような感覚が徐々に浸透し始めている証左なのでしょう。言い換えると、金融資産の保有のあり方においても日本人はようやく国際人になりつつあると思うのです。

0-2 いまやあなたのお金が為替相場を動かしている

> FX（外国為替証拠金取引）や投資信託を通じて海外へ流出するわが国の個人資産は、今や為替相場を動かす大きなファクターになっている

　2000年代半ば以降、ときおり東京外為市場で一風変わった現象が見られました。正午からの数分〜10分間、午後5時からの10数分間の間に、米ドル相場が決まって数銭程度上昇するのです。

　このことはひとしきり、東京市場の為替ディーラーの間で話題になったものです。

　で、多くのディーラーが得た結論は**「どうやらサラリーマンが携帯でFX（外国為替証拠金取引）に取り組み、米ドルを買っているためらしい」**であったのです。つまり、個人投資家による為替相場への取り組みが、為替相場を動かしていたのです。

　あるいは2000年以降、個人が投資信託を通じて外貨建て資産を購入する動きが浸透してきました。これが為替相場を大きく動かしてきたことは、いまや為替市場の関係者間では常識になっています。

しかし、一般には個人の行動が為替相場に対して与える影響については、リアリティを持てない方が多いのではないかと思うのです。

　2024年から急ピッチで進行したドル高・円安。これも多くの個人が投資信託などを通じて外貨への投資を積極的に増やしたことが背景になっています。
　2024年からは、投資に伴う収益に対しては一定の範囲で非課税措置が受けられるというNISAがさらに拡大したことで、家計が預貯金から株式や投資信託などへ手持ちの資金をシフトする動きが相当進んだためです。

　個人による**投資信託を通じた海外投資が円売り・ドル買いという為替売買をもたらした**ことも、2024年以降の円安を促進したことは間違いありません。
　2024年といえば3、7月には日銀による2度の利上げが行われたのですが、その幅はせいぜい0.35％程度。一部の銀行は多少なりとも預金金利を引き上げていますが、それもコンマ以下の世界です。国内の預貯金などの金利は、まだしばらく低空飛行を続けると見た個人が高金利の米国の債券などに、投資信託を通じて投資するという流れはしばらく続きそうです。

0-3 為替がわからないと世の中が読めない!

> 今は為替相場や国際市場での一次産品価格、世界各地の人件費などについての知識がなければ、ビジネスが有効に行えない時代である

　為替相場が、いかに私たちの生活に浸透してきているかを示すエピソードをご紹介します。

　知人がいささか呆れ顔にこう言うのです。

　「私の弟はあるハイテク関連企業の技術者なんですが、やたらに為替相場に強い。それも米ドルだけではなくユーロ、韓国、香港、インドの為替相場についても」と。

　聞いてみると、その職場には液晶のディスプレイが取り付けられてあり、DRAMなどのIT関連素材の主要各地での価格と、それを米ドルベースに換算した価格が表示されているそうです。つまり技術者のレベルでも「今、同じIT関連資材を購入するならどこから買えばより安く買えるのか」について知っているのが常識になっているらしいのです。

　そういえば、私がかつて経営していた小さな会社（金融情報ベン

ダー）は、ある米系の大手金融情報会社に定期的に投資信託関連のデータを売っていたのですが、このデータはマニラ（フィリピン）とバンガロール（インド）に送られて、データの加工が行われていたのです。

　先方の担当者が言うには「10年前までは韓国でデータ処理をさせていたのだが、それにかかる人件費が圧倒的に安く、しかも大量にデータ処理をこなせるということで、今はフィリピンとインドに集中的に仕事を任せている」「さらに安くデータ処理できる国が見つかれば、そちら（他国）に移すことはいつも考えている」と話していたのを思い出します。

　私たちは為替相場やら一次産品価格、世界各地の人件費などについて、ある程度の知識がなければビジネスが有効に行えないような時代に入ってきたのです。

　これは仕入れだけではなく、販売面にも該当することです。

日本企業の海外での活躍とリンクしない国内景気

　あるいは、最近では国内の景気と企業の業績の間に乖離（かいり）が出てきた、と言われます。

　端的にいうと、**企業は儲かっていても、国内景気は必ずしも良くない**、といった傾向が出てきているのです。この傾向は近年に至りさらに拍車がかかっています。2013年以降、わが国の企業がたたき出す利益は増加傾向にあります。しかし、日本全体の経済成長率

を示すGDPでみた景気は依然として低迷しています。企業利益は10年間で年率3.5％伸びているのに、GDPの伸び率は1％程度にとどまっているのです。

それを解く１つの鍵が、**「企業の海外生産比率ならびに海外売上高比率の上昇」**です。

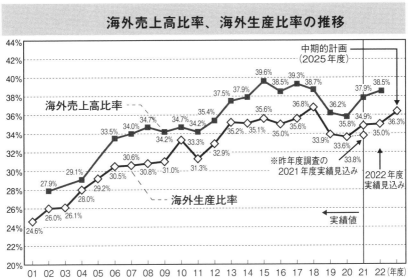

注１：海外生産比率 ＝ 海外生産高／（国内生産高＋海外生産高）
注２：海外売上高比率 ＝ 海外売上高／（国内売上高＋海外売上高）
出所：国際協力銀行

たとえばホンダは82％、日産自動車は66％、ブリヂストンは60％、ソニーグループに至っては92％が海外生産によっているのです。

もちろん、ここでいう「海外」とは、米国だけにはとどまりません。それどころか最近は米国以外への依存度が高くなる傾向が目立ちます。たとえば、電動工具のマキタは欧州向けが、建設機械のコ

マツはブラジル・インドネシア向け、資生堂は中国向けが伸びています。

　以上のような上場企業だけではなく、非上場の多くの企業から見ても、為替相場、海外現地の経済、政治状況などについてより確かなセンサーを持つことが求められる時代になってきたのは間違いありません。

　つまり、大手メーカーの生産ラインの相当部分が海外に移転しているのです。
　この場合、海外の工場などで生産された製品が海外で販売され、たとします。この場合、企業レベルでは儲かったことになりますが、**海外の現地法人によって生み出された付加価値は、日本のGDP統計には反映されない**のです。

　いうまでもなくわが国の景気のよしあしは、まずはGDP統計によって測られます。このように、企業は儲かってもGDP＝日本国内の景気には直接影響しない、という現象が起きているのです。

　そして、企業がその生産地、原材料の輸入先などを選択・判断を行うに際して、きわめて重要な要因が為替相場です。これから為替相場がどう動くかという予測なしには、企業の世界レベルでの経営戦略を立てることはできません。

1章

What will happen
if the yen weakens?

為替の
基本の
キホン

1-1 為替はそもそも遠隔地間での送金、決済方法だった

> 為替＝外国為替ではなく、もともと国内で遠隔地間の資金の送付を時間・距離・手間を省いて行うためにできた仕組みだった

「為替」といえば、多くの方はまず「外国為替」と連想されると思います。

そして「NY市場では1ドル＝157円73銭と、前日比85銭の円安」といったニュースや、海外旅行へ行くときに米ドルなど外貨に両替する際の交換レート、外貨預金に預け入れるときに適用される相場などを思い起こされるはずです。

あるいは資産運用に興味のある方なら、外国為替証拠金取引（FX＝Foreign Exchange on margin）とか、「円キャリー取引で円が売られ」といったニュースを連想する方もいるでしょう。

しかし「為替」ということばが、実は明治以降の翻訳用語ではなく、古く鎌倉時代から日本で用いられていた用語であることをご存知の方は、それほど多くないと思います。

為替の基本は、遠い場所との貸借決済

広辞苑では、「為替」は以下のように記されています

> 遠隔の地にある者が、貸借の決済に際し、正金を送付する労賃・不便・危険などを免れるため、手形・小切手・証書によって送金を処理する方法。鎌倉・室町時代にはカワシといい、手形による替銭(かえせん)、米を以ってする替米(かえまい・かわしまい)があった。

つまり、為替は、**国内での遠隔地間での送金や資金決済のためのしくみ**からまず始まったのです。実際、金融機関に職を得た人が必ず習う必須業務には、「外国為替」と並んで（それ以上に重要な基礎業務として）、「内国為替」があります。

内国為替の基本的なしくみは、次ページの図に見るとおりです。
東京のK社が大阪のR社から500万円の商品を仕入れた結果、その代金を支払わなければならない場合、現金で支払おうとすれば現金をジュラルミンケースに入れて持っていくか、もしくはそれを送らなければなりません。しかしそれには時間コストと危険が付いて回ります。
そこで、K社は東京の取引先銀行T銀行に500万円を差し入れ、「この資金を大阪のD銀行を経由してR社に送金してもらう」ように依頼するのです。
これが為替の基本です。

実際には、以上の場合にはT銀行が日本銀行に持っている当座預金口座から、D銀行が日銀に持っている口座に資金の振替えが行われることになるのです。

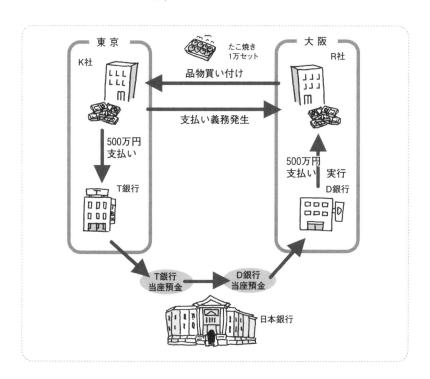

外国為替のしくみ

　外国為替も基本は同じです。
　つまり、**為替取引が海外との間で行われるのが外国為替**です。
　以上の例においてK社、T銀行は東京にあるのは同じとし、R社、D銀行はニューヨークにあると見ればいいだけのことです。

違うのは、K社が輸入代金を1万ドル支払う必要があった場合、一般には1万ドルに相当する円をT銀行に差し入れる点です。つまり、その時点での円と米ドルとの交換比率（為替相場）が1ドル＝160円であれば、T銀行に160万円を差し入れるわけです。そうすればT銀行がその160万円を1万ドルに換え、その1万ドルをニューヨークのD銀行経由でR社に支払ってくれるのです。

　この場合T銀行は、K社から円を持ち込まれてこれを米ドルに替えてくれという依頼があることが前もってわかっていれば、あらかじめそれに相当する米ドルを保有しておくのが一般的です。

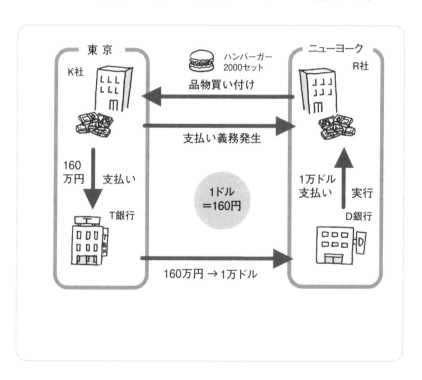

1-2 米ドルが基軸通貨である理由

> 米国が基軸通貨として世界で認知されているのは、世界最大の経済規模と軍事力を誇る大国だからだ

「為替相場」といえば、私たちはまず「1ドル＝160円」というように表示されるのが当然だと考えています。「1韓国ウォン＝○○円」とか「1インドルピー＝○○円」という発想は、ほとんどないはずです。

これは、半ば無意識のうちに「米ドルが世界の基軸通貨である」と認めていることを意味します。だからこそ、その軸（米ドル）を尺度として円の価値を表しているのです。

では、なぜ米ドルが基軸通貨として意識されているのでしょうか。

まず**基軸通貨とは、その通貨の価値が信頼されており、貿易などの国境を越えたいろいろな商取引などで最も広く用いられる通貨であること**を意味します。

現在米ドルがその地位にあるのには、もちろん理由があります。

日本と米国の貿易で用いられる通貨を見ても、米国への輸出では米ドルで決済されるのが全体の50％であるのに対して、円での決済は40％程度です。一方、輸入の場合には全体の60％が米ドル決済です。円での支払いは30％程度に過ぎません。

もちろん、世界的にも**貿易に伴う資金決済で最も使われているのが米ドル**ですし、各国がいざというとき対外的に支払いを行うために準備している外貨準備も半分以上が米ドルで保有されています。

米ドルがこのように世界の基軸通貨として認められている理由の第一は、米国は世界全体のGDPの4分の1を占める、**経済規模では最大の国であること**です。経済力が強いということは、それだけ世界全体の経済に対する影響力が強いということにほかなりません。

2つめには**世界最大の軍事大国であること**です。つまり、軍備、戦力ともに世界最大です。平時はあまり意識されませんが、いざとなった場合には米国の軍事力に依存する国が多いことは事実です。

「英語が話せると、世界の10億人が友人になる」といったキャッチコピーで生徒を募集していた英会話学校があったと記憶します。言葉のレベルでも英語は多くの国で通じますが、日本語はほとんど日本国内でしか通用しません。通貨も、これに似たような面があると考えればわかりやすいでしょうか。

1-3 金融機関はこんな市場で通貨取引を行っている

> 外為市場は、ブローカーを利用した銀行間の取引を中心に、銀行同士の取引、銀行と企業や家計との取引により成り立っている

　為替市場で実際に通貨を売り買いするプレイヤーといえば、まずは銀行などの金融機関がイメージされるでしょう。

　実際、大本で為替相場が決まる現場でのプレイヤーは、金融機関です。おおむね、右ページの図のようなしくみの中で、異なる通貨の売買を行っているのです。

　たとえば、A銀行が「20億ドルの米ドルを手に入れたい」と考えた一方、B銀行が逆に「20億ドルの米ドルを売りたい」と考えたとしましょう。この場合、**AとBがそれぞれの売り、買いの希望レートを外為ブローカーに伝え、それが合致したところで実際に取引が行われる**のです。つまりこの場合には20億米ドルが「B」→「A」へわたるとともに、20億米ドル相当の円が「A」→「B」へとわたるのです。

　もっとも、契約した日にこうした通貨交換が行われるのではなく、

日本では、この契約を行った日（約定日）から数えて翌々日に、通貨交換が行われます。これが直物取引です。

以上は外為ブローカーを利用した場合ですが、近年ではブローカーを通さず直接、金融機関同士が取引するケースが増えてきています。

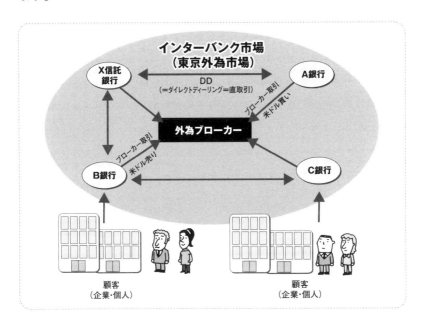

図は、東京外国為替市場で行われている金融機関同士の為替取引概念図です。

しかし実際には、具体的な場所があってそこで売買が行われているわけではありません。いまは、電子メディアで自由に情報がやり取りできる時代ですから、**現実に行われているほとんどの為替取引は、電話ならびに専用の端末機を操作しながらネット上で行われています。**

1-4 為替市場は世界をどうめぐる？

> 為替市場は、オンライン上で1日24時間開いており、金融機関間の取引も時間をズラしながら世界中で行われるので、ウィークデーの間はほとんど途切れることがない

為替市場とは言っても、具体的な建物、時間が決められた場があるわけでありません。

東京市場などでは一応、外為ブローカーを通じた金融機関の間での取引は、当のブローカーの営業時間内でしか取引は行われません。

しかしネットを通じた電子上での取引は原理的には24時間行われているのです。いわば、ネットを結んだ回線そのものが市場（マーケット）であるといっていいのです。

まず、取引時間ですが、東京証券取引所における株式売買の「午前9時から11時半。午後は12時半から3時まで」というイメージから、東京市場ならば「午前9時から午後5時まで」と思われがちではないでしょうか。新聞紙上では「初値＝午前9時」「終値

＝午後5時」という前提でレートが記載されますし、テレビ、ラジオなどでも「今日の東京市場での終値は」と表現しますが、決して午後5時で取引が終わるわけではないのです。

世界の3大市場といえばニューヨーク、ロンドンそして東京ですが、この間には世界各国の市場で為替取引が行われているのです。

世界中で取引が行われている

東京市場を基準にすれば、次のようになります。

　まずは、日の出ずる国＝日本から取引が始まると思われがちなのですが、実際には東京市場に先立ってその3時間前からウェリントン（ニュージーランド）で取引が始まっており、その2時間後にはシドニー（オーストラリア）で取引がスタート。シドニー市場に1時間遅れて東京市場が本格的にスタート、ひっきりなしに売り買い注文が飛び交うことになります。

　東京市場に遅れること1時間で香港、シンガポール市場が開場、さらに5時間後れでロシアが、そして2時間後にはドイツ、フランスなどユーロ市場での取引が始まり、さらに1時間後れで世界最大の市場であるロンドン市場での取引が始まります。さらに5時間後からはニューヨークで取引開始、1時間後にシカゴ、これを引き継いで2時間後にはサンフランシスコと続いていくのです。

　ということは、24時間いつでも時々刻々と為替相場は切れ目なく続いていくことになるのです。

　再び東京市場に戻りますと、日本銀行に主だった金融機関や外為ブローカーから、午後5時時点での「売り、買い引き合いレート」についての報告が入ります。そしてその時点で、多くの金融機関が平均的に「1ドル＝150円35銭ならドルを買いたい」「150円37銭だったら売りたい」と考えているのであれば、日本銀行はその後記者クラブで「東京市場の終値は1ドル＝150円35銭〜37銭」とリリース（発表）することになります。

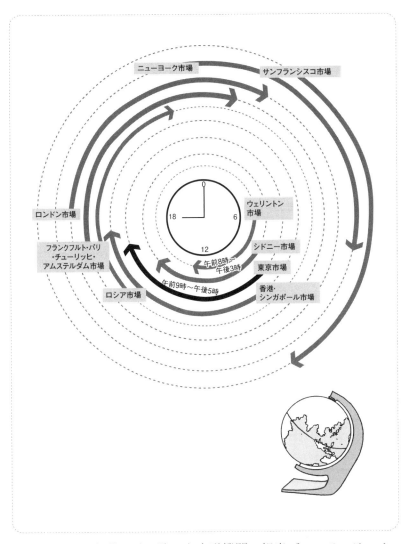

　もちろん、午後5時以降も各金融機関の担当ディーラーは、オンライン上で取引を続行します。

1-5 為替レートの基本は5つ

> 為替レートは1つではない。
> 銀行間での取引によって決まるインターバンクレートを基準に、企業や個人との間の取引に使われる各種の相場が設定される

　海外旅行に行ったとき、円を現地通貨と両替しようとして「ニュースに出ている為替レートと、両替所でのレートが違う」と思ったことはありませんか？
　その通り。

　ある一時点における為替レートは、決して1種類ではないのです。大きく分けると5種類があります。

　右ページの図にあるとおりです。

ひとくちに外国為替相場といっても

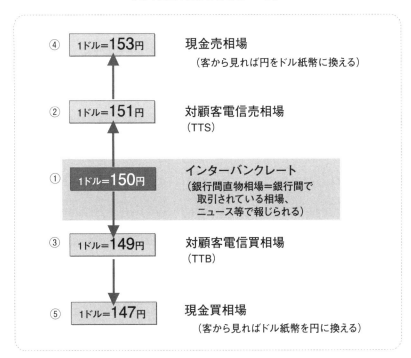

① インターバンクレート

　まず中心にあるのが、いわばプロ同士で取引された結果、付いた相場です。39ページで説明した**「銀行間直物相場」**がそれです。金融機関（バンク）の間の取引で付いたレートであるため、**インターバンクレート**とも呼ばれます。

　このレートは、銀行にとってみれば、**外貨の仕入れ価格**と考えることができます。

　新聞やテレビ等のニュースで一般に「今日の円相場」として報じられる数値は、このレートです。

② 対顧客電信売相場

　金融機関が、外貨預金をしようとする企業や個人などに売るときには、この仕入れ価格に1ドルにつき1円のスプレッド（上乗せ幅）を乗せます。つまり、インターバンクレートが1ドル＝150円のときには、一般の顧客に対しては151円で売るのです。

　これを**対顧客電信売相場**（**TTS**＝テレグラフィック　トランスファー　セリング）と呼びます。これは、個人が海外に送金するために銀行に円を持ち込む場合にも適用されます。

③ 対顧客電信買相場

　逆に、個人が海外から送金された米ドルを円に換えるときに適用される相場が、**対顧客電信買相場**（**TTB**＝テレグラフィック　トランスファー　バイイング）といいます。外貨預金で満期になったときに円に換える際に適用される相場も、これです。

　つまり、このように一般顧客との間で外貨の売り買いを行うことで、銀行は外貨取り扱いに伴う収益を確保しているわけです。

　以上の為替相場が、新聞紙上でどのように掲載・表示されているかについては、172ページ以降で説明します。

　このほかに、現物としての米ドル紙幣と円を交換するようなときに適用されるレートもあります。空港や大きなターミナル駅で見かける両替所で使われているレートはこれです。

　このように現物の紙幣を交換するときには、金融機関は、その紙

幣を用意しなければなりませんので、TTBやTTSよりも、金融機関の側にとって有利な相場に設定されます。

④ 現金売市場

図にあるとおり、顧客にドル紙幣を渡す場合にはTTS相場よりもさらに2円乗せた1ドル＝153円に設定されます。これが現金売り相場と呼ばれるものです。

⑤ 現金買市場

一方、顧客から現物としてのドル紙幣を買い取る場合には、TTB相場よりも2円下の1ドル＝147円とされるのが一般的です。

なお、以上の為替レートは店頭での取り扱いで適用されるレートであり、インターネットを通じたリアルタイム取引で適用されるTTB、TTSなどはこれとは多少異なることには注意が必要です。ネットバンキングでは人手を必要とはしない分だけ、顧客にとっては有利なレートが適用されるのです。

1-6 為替相場を動かす要因 その1 貿易取引

> 海外との輸出入によって生じる通貨の売り買いとその需給バランスの変動が、為替相場を動かす基本である

　為替相場は、異なる通貨を交換するときに使われるレートです。
　いや、異なる通貨の売り、買いの需給バランスによってその都度決まるものである、といったほうがいいでしょう。つまり**需給バランスの原則がものをいう世界**です。
　ではもともと、いろいろな通貨の売り買いの強さは、どのような要因によって決まるのでしょうか。その詳細は3章に譲るとして、ここではごく大雑把に、その要因を挙げておくことにします。

　まず1つは、貿易に伴うものです。
　これはいうまでもありません。たとえばわが国では、産業に必須の原油はほとんど国内では生産できません。かといって、これに代わる代替燃料（天然ガスや石炭など）もほとんど生産できません。となれば、原油などのエネルギー源は海外から買うほかないのです。

輸入に伴う需要の発生

たとえば、サウジアラビアの企業 Q 社から原油を買いたいとしましょう。

この場合、わが国の輸入企業 T 社は輸入代金を支払わなければならないのですが、その場合たいてい先方の国の企業は「米ドルで支払ってくれ」と要望します。であれば、日本の輸入企業は米ドルを手に入れて、それを支払う必要があります。

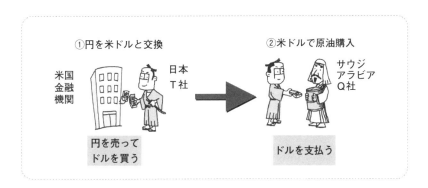

つまり、日常的には円で経済活動を行っている T 社は、手持ちの円を米ドルに換えて、それを支払うことになります。

ここで、**円を売って、米ドルを買いたい（米ドルに換えたい）という需要**が生まれます。

輸入に伴う動き

　一方、逆に輸出を活発に行っている企業の場合はどうでしょうか。
　日本のH社は、米国向けに自動車を輸出しています。輸出先の米国のW社からの支払いは、おおむね米ドルで行われます。
　しかし、そのお金を日本の本社、工場で使おうとすれば、円でなければなりません。このため、米国のW社から受け取った米ドルを売って円に換える（＝円を買う）ことになります。

　このように、企業が日常的に貿易（輸出入）を行うことによって米ドルについては、売りと買いの両方のニーズが発生するわけです。
　最も基本的なところで為替相場（以上の例だと米ドルと円の交換比率）を決めるのがこれです。これが、為替取引の動機の1つである「貿易取引」です。

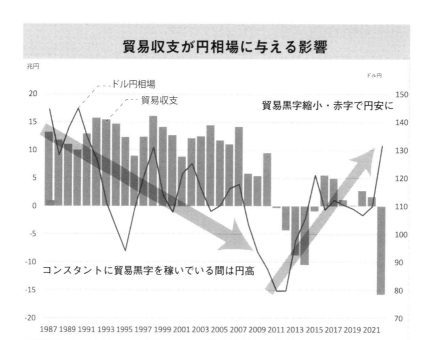

長期的に見るとおおむね「**日本の貿易黒字増 → 円高**」「**黒字減 → 円安**」の関係が認められます。

一貫して貿易黒字を稼いでいた2010年ごろまでは円高基調が続いていたのに、その後貿易赤字に転じたことで円高の流れは一巡、その後は相当急速に円安が進んでいることが明らかです。

なお、このほか個人が海外旅行に行くときには、円を外貨(米ドル、ユーロや韓国ウォン、豪ドルなど)に交換した上で国外に持ち出します。また海外（現地）で現地通貨が不足すれば、現地の両替商で円を売って現地通貨に換えることもあります。

逆に外国人が日本に観光旅行に来るときには、外貨を売って円に換え、その円で日本国内でいろいろな買い物をすることになります。

こうした旅行に伴う円と外貨との取引は「サービス収支」に分類されます。

1-7 為替相場を動かす要因 その2 資本の取引

> 貿易に伴う通貨の売り買いだけでなく、投資のため、企業買収のための取引も為替相場を動かす重要なファクターである

　前項の貿易取引や、海外旅行などに伴うサービス取引と並んで昨今とても重要な為替取引ニーズが、**資本取引**に伴うものです。

　これも大別すると2つに分けられます。

1，投資のための外貨売買

　1つは、**投資あるいは投機目的のための外貨の売り買い**です。たとえば日本より米国、ユーロのほうが金利が相当に高いとなれば、私たちはその高い金利を求めて「円を売る」とともに「米ドル、ユーロを買い」ます。

　このようにしてユーロ、米ドルを手に入れてその外貨でドルやユーロ現地の債券などの高金利の資産や株式を買います。

　以上のような証券の取得あるいは売却などを通じた通貨の売り買

いは、近年では活発に行われています。これらの投資、あるいは投機を目的にした資金は極めて敏捷に動くのが特徴です。

つまりちょっとしたニュースにも敏感に反応しながら円、米ドル、ユーロ、豪ドル、カナダドル、英ポンドといった通貨の間を日夜駆け巡っているのです。

敏捷に動く投機的資金

2，買収のための資本取引

次に、日本の企業Ｓ社がたとえばカナダにあるＪ社を買収するケースを考えてみます。

この場合、いろいろな方法があるのですが、代表的なものは公開買い付けです。つまり、Ｊ社の株主が持っている株を、ある価格を提示したうえで買い集め、Ｊ社の過半の株式を保有すればＳ社はＪ社の経営権を握れるわけです。

このような場合、普通カナダドルで既存の株主から株を買い取る

わけですから、そのためにはカナダドルが必要です。この場合は、当然円を売って、カナダドルを買うことになるのです。

　以上のような取引が為替相場に対して与える影響は、近年に至り、とても大きくなってきました。

2章

What will happen
if the yen weakens?

為替を
実感
する

2-1 円高・円安がわかりにくい最大の理由

> 「円高・円安」の意味がピンとこなければ、「ドル安・ドル高」と考えてみよう

「円が上がった、下がった」ということばの意味がピンとこない人は少なくありません。

ひょっとすると、この本を手にとってくださったあなたもその1人でしょうか。しかし、全く心配することはありません。

為替相場がいまひとつわかりにくい最大の理由は、なんでしょう。おそらく、**為替相場の表示法**と**為替相場について語るときの表現法がチグハグになっていること**だと思うのです。

私たちは普通、為替相場は「1ドル＝円」と表示されるのが当たり前だと思い込んでいます。

ここでまず、最も初歩的なレベルで誤解が生じがちです。

「1ドル＝150円」から「1ドル＝140円」に変わったということは「150円→140円」だから「価格が下がった」、すなわち「円安」

と思い込んでしまう人を時々見かけます。

　これは明らかに誤りですね。これは図のように示してみればいいでしょう。

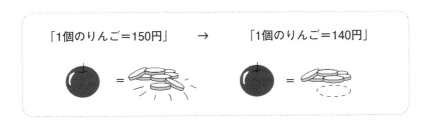

　これは1個のりんごの値段（価格＝価値）が下がったことを示します。つまり**「りんご安」**なのです。実際このときには**「りんごの価格が下がった」**と私たちは表現します。いや、まずはそのように認識します。

　とすると、同じ感覚で見れば
は、**「ドル安」＝「1ドルの価値が下がった」**ことが明らかです。
つまり、このときには「ドル安　＝　円高」なのです。

　ところが私たちは普通、為替相場について語るときには、ほとんど意識せずに「円」を主語にして語るのが当たり前だと思っていま

す。おそらくこのレベルで「為替相場のことがよく理解できない」となる方が多いのだと思います。

　もう一度繰り返します。
　まず、私たちは「1単位のドルの価格は何円であるか」というドルを基準にして為替相場を表現します。
　つまり、「1外貨＝自国通貨の量」という表示で、外貨の値段を示すというスタイルを取っているのです。言い換えると「1ドルを買うにはどれだけの円が必要か」という基準で為替相場は表示されているのです。
　にもかかわらず、**為替相場が上がったのか下がったのかを表現するのに、ほとんど無意識に「円」を主語にして表現することに決まっている（と思い込んでいる）ことが、わかりにくい原因の1つ**なのです。

　つまり**「1ドル＝150円」→「1ドル＝140円」であれば、1ドルの価値が下がったのだから、「ドル安」なのです。「ドル安」ということは当然「円高」です。**
　言い換えると、次のようになります。
　1ドルを買い求めるのに150円必要だったのが、140円でOKになった、と。この場合、円の価値が上がったことはおわかりですね。価値が上がるということは「1単位あたりの価値が上がる」ことです。つまり、同じ1ドルを買うのに150単位ではなく140単位での支払いでいいということなのですから。

外貨を主語にして為替を考える

　昨今、個人による外貨建て資産投資が急増しています。一番ポピュラーなのは海外の債券、株式などに投資する投資信託です。国内で運用されている海外投資型ファンドを買うことは、これのファンドを通じて間接的に米国、ユーロ、英国、カナダ、豪州、さらには中国やインド、ロシアなどの債券や株式を買うことを意味します。

　2024年7月末現在で、国内の投資信託が保有している外貨建て資産は77兆円程度ありますが、過半は個人投資家による買いであると推定されます。

　あるいは最近流行の外国為替証拠金取引（FX）。これは一定の証拠金を業者に払い込めば、その2倍、5倍、10倍、25倍という額の通貨の為替売買が行えるものです。さらに最も初心者向けの外貨商品でいえば、多くの金融機関が扱う外貨預金があります。

　これらの商品を実際に保有、あるいはこれから投資しようとする方にお勧めしたいのが、外貨を主語に高安を表現することです。

　為替相場の変動は「円」を主語にするのではなく、投資先の外貨を基準に考え、かつ表現したほうがわかりやすいのです。

　何しろ自分が投資対象としている「もの」を主語にして相場の変化を読むのが一番わかりやすいからです。

　つまり「1ドル＝150円」から「1ドル＝140円」になった場合には「ドル安」と認識するのです。つまりドル建ての資産を持っている人にとってはその価値が下がった＝「損」な状態になったのです。

為替の表現方法は万国共通ではない

さて、次に進みましょう。

ではどこの国でも「1米ドル＝その国の通貨の量」というように、為替相場は表現されているのでしょうか？

実は、違うのです。こうした表示とはまったく逆の表示が慣習になっている国も多くあります。

たとえば英ポンド。イギリスのポンドと米ドルとの為替相場を示す場合には一般に「1ポンド＝○ドル」と表示されます。つまり、英国の人にとって見れば「1自国通貨＝○米ドル」という表現、すなわち、自国通貨を基準なのです。

ユーロもそうですし、その他　オーストラリア、ニュージーランドなども「1単位の自国通貨はどれだけの外貨と釣り合うか」という基準で示されるのです。

さて、これらの通貨に共通する、あることにお気づきでしょうか。

そうです。「ユーロ」は1999年1月に誕生したいきさつからして、米ドルに対抗できる通貨を持ちたいというヨーロッパの人々の悲願がありました。

あるいは、オーストラリア、ニュージーランドは、いずれも一時は世界の7つの海を支配した英国の王室を元首とする国々です。つまり、「1自国通貨＝米ドル」という表現には「自国通貨こそが基準だ」という意思が示されていると考えられるのです。

column

1ドル＝100円ではなく100円＝1ドルという表示でもいい
―為替相場をより実感に近いところで把握するために―

『1ドル＝100円』はドルを基準に置いた為替表示

『1ドル＝●円』という表示は「1ドルの価値は」という発想です。これに対して『1円＝○ドル』は「1円の価値は」という発想によるものです。つまり後者は円を中心にした為替相場表示です。

では、なぜわが国では『1ドル＝円』という表示形態が用いられているのでしょうか。

最大の理由はやはり、「1円＝ドル」という表現にすると、小数点以下の表示になり分かりにくいからでしょうね。1円＝0.01ドル（1ドル＝100）とか1円＝0.0125ドル（1ドル）程度ならまだしも、1ドル＝157円87銭なんていう為替レートを「1円＝」として表現するなんてことになると、これはちょっと現実的ではないですね。

『100円＝1ドル』というほうが「円高」「円安」はわかりやすい

それはともあれ、『1ドル＝100円』は『100円＝1ドル』であり、『1ドル＝80円』は『100円＝1.25ドル』です。つまり『1ドル＝100円から80円へ』というのは『100円＝1ドルから1.25ドルへ』ということなのです。

こうすれば日本円の価値は25％上がったことが直感的に把握できます。なにしろ「100円持っていてもこれは1ドルの価値しかなかった時代から、1.25ドルに換えることができるようになった」のですから。

2-2 円高になると輸出企業青ざめ輸入企業が喜ぶ

> ニュースで為替についての情報が伝えられたときも、図をイメージすれば、それほど難しくはない

　それがどんな分野に関することであろうと、「〇〇がわかる」ということは、「〇〇について報じられたニュース（情報）の意味が読み取れる」ことだと思います。

　であれば、「為替がわかる」とは、どんな類のニュースを過不足なく読みこなせることなのでしょうか？

> 「1ドル＝140円台へ急速に円高が進展したことで、トヨタ自動車は業績への懸念から売られ、大幅安」

　これなどは為替相場をめぐる、典型的なニュースですが、どのように解釈すればいいのでしょうか。

　ここではわかりやすいように1ドル＝200円から1ドル＝100円へとドル安・円高が進んだとします。

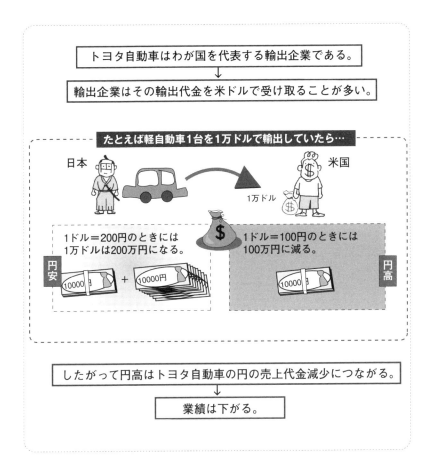

　これは、必ずしも数字を使わなくても理解できると思います。それは**「円高」は「ドル安」である**ことに留意すればいいだけです。
　つまり、「円高でトヨタの株下落」を「ドル安でトヨタの株下落」と読み直すのです。

輸入の場合は

一方、輸入の場合についても、同じように考えてみます。
たとえば次のようなニュースが、最も代表的な例でしょう。

Thinking Time!
「海外での原油価格が落ち着きを取り戻すとともに、円高が進んだため、国内のガソリン価格は下がった」

さてこれはどう読めばいいのでしょうか。
同じように、まず数字を使って考えましょう。

同じように数字を使わないとすれば、次のようにイメージすることもできます。

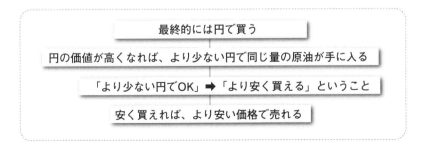

2-3 円高の影響は ドル建てでも円建てでも 基本は同じこと

> 円高・円安を考えるとき、当該企業だけでなく、ビジネスの相手となる企業の身になって考えてみるとわかることが多い

　おそらくこのあたりで、一部の読者からは、ある種のクレームが飛んできそうです。それは「以上は、いずれも決済通貨が米ドルであるという前提でしょ？」と。
「米ドルではなく円で売ったり、買ったりした場合は、必ずしもそうではないよ」とおっしゃる方の顔が見えるような気がします。
　しかし、これに対しては、以下のように理解すればいいのです。

　まず輸出の場合。
　もう一度、同じシチュエーションを繰り返します。

> **Thinking Time!**
> 　円高・ドル安になれば、トヨタ自動車は儲けが少なくなる？

　さて、前には輸出することでたとえば1万ドルを受け取っていた、

との前提で考えました。つまり、**「受け取ったドルの価値がドル安によって下がった＝価値の少ないお金しか受け取れなくなった」**と。

ではここで、**「円」で支払ってもらう約束**で輸出を行ったとしましょう。たとえば「200万円を支払ってもらう（受け取る）」というように。であれば、200万円を払ってもらうのですから、問題ありません。

しかし、です。

すべて商取引は相手があってのものです。ここで相手の身になって考えてみましょう。

相手の立場から考える

すでに契約を交わした取引については、米国側の輸入先企業Ｋ社は「200万円」を支払ってくれるでしょう。しかし、1台に対して200万円を支払うという契約をした米国のＫ社は、その200万円を支払うために、今まで以上のドルを用意して円に換えなければならないのです。

なにしろ、その間にドルの価値が下がっているのですから。価値が下がったお金を価値が上がったお金に換えるためには、より多くの量の、価値が下がったお金が必要です。

数字を使ってみましょう。

たとえば、1ドル＝200円のときだったら「200万円」を支払うために、Ｋ社側は1万ドルを用意すればよかったのです。ところが、契約をしてから後、ドル安（円高）が進んで1ドル＝100円にな

れば、支払わなければならない「200万円」を手に入れるには、2万ドルが必要です。

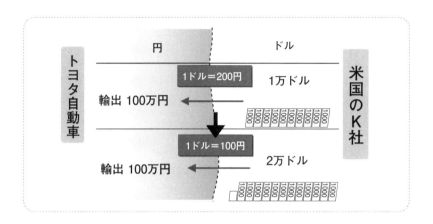

明らかに、より多くの米ドルを用意しなければなりません。

K社の担当者は「しまった。こんな高い買い物をする羽目に陥ってしまった」と考えるでしょう。

この場合、K社はどう対処するでしょうか。

まずは「契約だからしようがない。**当初の予定通りの価格（200万円）で所定の台数だけ輸入する**」。

これが原則でしょうね。

しかしK社の中では、おそらくこんな議論が起こるはずです。

「ここまで急速なドル安は想定外だったので、**何とか日本のトヨタ自動車に頼んで1割くらい負けてもらえ**ないだろうか」

「もしそれが不可能だったら、買うと契約していた台数を2割減

らしてもらえないだろうか」と。

　もちろん国際商取引では、こんなことがおいそれと通るとは考えられませんが、可能性としては無きにしも非ずです。こうしたK社側の意向が通れば、日本側のトヨタ自動車にとっては「売上代金の減少」を招きます。

　さらに、次回の契約時においては「1台＝200万円の円建てで支払い」という条件では、K社は取引に応じないだろうということです。

　ではどうするか。
　円建てでの支払いという条件である限りは、基本的には**「輸入台数を減らす」**か**「1台あたりの単価を下げる」**か、**「その両方を同時に行う」**かのどれかです。

　つまり円で支払ってもらうという約束で米国へ輸出した場合であっても、日本の輸出業者であるトヨタ自動車の円基準での売上は減るのです。

　これが、**「トヨタ自動車は1ドル＝1円の円高で営業利益が数百億円吹っ飛ぶ」**ということの基本メカニズムなのです。

column

目からウロコの輸出入損得イメージ

ここでもう一度、数字を使わないで整理しておきます。
とりあえず、日本（円）と米国（ドル）の取引だけを想定しておきます。

1. 円高・ドル安と輸出

■ 輸出 → 米ドル受取りの場合 □

円の価値が上がる（ドルの価値が下がる）と、米ドルで支払ってもらった日本の輸出企業は、価値が下がったお金を受け取ることになるので不利。

■ 輸出 → 円受取りの場合 □

円の価値が上がりドルの価値が下がったケース。

米国の輸入業者は価値が下がった米ドルを今までより大量に用意して、それを円に換えなければならない。

であれば輸入する米国の会社は円ベースでの値下げあるいは輸入数量を減らすことを求める。

column

2. 円安・ドル高と輸入

■ 輸入 → 米ドル支払いの場合 □

円の価値が安くなるケース。

ドル建てで買うことを決めていた場合、日本の輸入会社はより多くの量の円を用意してドルに換えて払わなければならないので、予定していた円の輸入代金では足らなくなる。

そこで輸入量を減らすか、それともドル建ての価格を引き下げてもらわなければ採算が合わない。しかし相手方がすんなり応じてくれるかどうか？

■ 輸入 → 円支払いの場合 □

円安になったが、決まった金額の円で支払うと約束しておいたので、日本の輸入業者は、ひとまずOK。しかし、価値が下がった円を受け取らざるを得ない米国の輸出企業にとって見れば、たまったものではない。

このため、米側は「価値の下がった円で受け取らざるを得ないのだから、値上げしてくれないか」となる。そしてこの要求をある程度は呑まざるを得ないかも知れない。

つまり、輸入業者はより多くの円を支払わねばならない。

2-4 「円高」はあなたにとって悪いこと?

> 円高を一面的に良い悪いで判断することはできない。
> 人や企業が置かれている立場（経済的役割）によってプラスにもマイナスにもなる

　円高は日本の経済力が強くなり、世界から信用されている証なのですから、ひとまず誇らしいことであったはずです。しかし、円高になると、わが国の主力産業である自動車や機械のメーカーは青ざめ、利益確保に血眼になります。しかし、海外旅行好きの方たちには絶好のチャンス。
　一体、円高はわが日本にとって、喜ばしいことなのでしょうか？

　多くの場合、経済現象の変化については「誰にとってもいいこと」、「誰にとっても悪いこと」はそれほど多くありません。
　日常的に起こる、**たいていの経済現象は「Aさんにとっては歓迎すべきことだが、Bさんにとっては好ましくないこと」という場合がほとんど**です。
　金利が上がった場合を想定してみましょう。

預金金利が1%から3%に上がった場合、銀行との間で預金取引だけしかしていない人にとってはとりあえず歓迎すべきことです。しかし、預金はわずか300万円である一方、銀行からの長期借り入れが2800万円残っており、そのローン金利が引き上げられると、この企業にとってはマイナスです。

為替相場についても同じことです。
1つの現象が、ある人にはプラスに働き、ある人にはマイナスに働きます。

　たとえば円高・ドル安になったとしましょう。具体的に「1ドル＝200円」から「1ドル＝100円」になったとします。

　まず、海外旅行にしょっちゅう行く人だったら、こう考えます。

いままでだったらアメリカで1000ドルの買い物をするために20万円必要だった　でも円高になったおかげで10万円で1000ドルに換えられるので　得！

　あるいは、原油の輸入業者は、次のように言うかもしれません。

「1バーレル＝100ドル」の原油を
輸入するのに従来だと1バーレルにつき
100ドル→2万円必要だったのが、
今では100ドル→半額の1万円で 得！

しかし、一方では、こんなことも起こります。
たとえば米国に留学しているFさんの場合。

久しぶりに日本に帰郷するために
手持ちのドルを円に換えようとすると、
300ドルは3万円にしかならないんだって！
「1ドル＝200円」のときだったら
6万円だったのに！損！

あるいは、日本人形を定期的に米国の業者に輸出している会社にとっては、以下のようになります。

いままでだと1体10ドルで
輸出していて「10ドル→2000円」を受け取っていた
のが「10ドル→1000円」しか手に入らない。
こりゃツライよ。損！

当事者が置かれた立場によって、円高は避けたいことにも、絶好のチャンスにもなり得るのです。

column

為替相場の変化率をめぐる摩訶不思議な話

　私たちは物事の変化を表すときには、「率」という考え方を使います。

　これは、投資の世界でも例外ではありません。投資の世界にあっては、とくにこの率、変動率という考え方が重要です。

　たとえば株価などでも4万円の日経平均株価が3万8000円に下がった場合、「2000円下がった」と同時に「5％下がった」と表現することもできます。実際に株を保有している立場から言えば「5％下がった」と認識するほうが、よりリアリティがあるはずです。

　同じように1000円下がった場合でも3万2000円のときの「1000円安」と1万円のときの「1000円安」とはまったく意味（損失の程度）が異なります。

　ところで、株価や債券などの資産価値の変動率は、誰が計算しても同じです。ところが為替相場は、そのあたりの事情が違うのです。

　ごく単純な例で考えてみます。

　1ドル＝200円が1ドル＝100円になった場合の為替相場の変動率はいくらでしょうか。1ドルの価値が「200」から「100」に下がったのだから「50％のドル安」だとは容易にわかるはずです。

　では「円はその逆にドルに対して50％上げた」のでしょうか。

　違いますね。なぜなら、以上の「1ドル＝200円」→「1ドル＝100円」を円を基準にした表記法に換えてみましょう。すると「1円＝0.05ドル」→「1円＝0.1ドル」となります。すなわち円はドルに対して「100％上がった」「2倍になった」となるのです。

　ここでいう「50％のドル安」はIMF方式、「100％の円高」は自国通貨方式と呼ばれます。

2-5 円安が及ぼすメリット・デメリット

> 円高と同じく、円安も企業や個人が直面している状況によって、メリットにもデメリットにもなり得る

　円安も、前項の「円高」の場合と同じように、立場の異なる人に対して、与える影響はさまざまです。

　しかしあえて言えば「円安はAさんにとってメリット」「Bさんにとってデメリット」といった場合だけではありません。

　現実には「Aさんが行う○○にはメリットだが、△△をしようとした場合にはデメリットとして働く」という場合が少なくないのです。

　メリット、デメリットは「人」あるいは「企業」単位で決まるのではなく、それぞれが行う経済的な行動如何によって決まるのです。

円安と国内金価格

たとえば「円安」は、国内での金の値段を引き上げ、「円高」は逆に価格を下げます。

もちろん国内での金価格は、海外でのドル建て価格にドル円相場を掛け合わせて決まるのですが、特に近年、2021年からの急速な円安が国内の金価格を大幅に引き上げたことは特記されます。つまり、円安・ドル高によって国内の価格（＝価値）が上がるということは、金という資産は海外株式や債券と同じような外貨建て資産と同じ性格（投資効果）を持っていると考えられるのです。

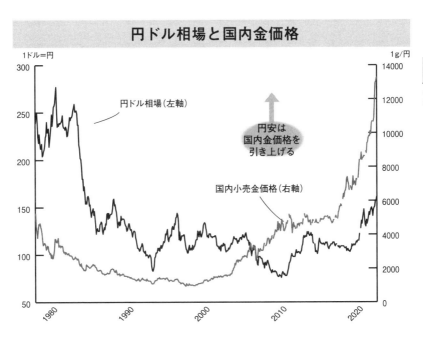

あるいは、すでに外債ファンドやユーロ株ファンドといった投資信託を相当額持っていたとしましょう。

この面に目を向けると、彼は「円安」＝「外貨高」によって、これらの投資信託で為替差益を得ているはずです。つまり、その他の条件に変化がなければ（為替相場のことだけを考えれば）、基準価額は上がっています。この面では確かにプラスです。

円安と原油輸入

さらには、円安は**原油価格を引き上げ**ます。ということは、原油精製、輸送、途中の業者マージンなどを圧縮しない限り、最終消費者の手に渡る段階でのガソリン価格は上がります。

しかし、消費者がその値上げによってガソリンの購入量を減らしたとすれば、業者は原油精製、輸送、販売、マージンなどを削って何とか値上げ幅が小さく済むように努力するでしょう。しかしどう考えても、これは少なくとも短期的には、**原油の輸入業者にとっては、マイナス**です。

円安と輸出メーカー

一方、円安は**自動車メーカーや電機、エレクトロニクス関連企業の対外価格競争力を確実に高めます。**つまり売り上げはアップするに違いありません。

ちなみにトヨタ自動車は1ドル当たり1円の円安で営業利益が500億円程度増えるといいます。これは、こうした輸出に対する依存度の高い企業の業績を引き上げ、従業員の賃金をアップさせるというように好影響を与えていきます。
　しかし一方、こうして日本から米国、韓国などへの自動車、電気製品の輸出が増えると、それを受けて米国、韓国などの自動車、電機メーカーの景気がどんどん悪化します。いわば**「円安による日本企業の対外競争力の高まり」**が**「米国、韓国などの自動車、電機メーカーならびにその従業員を苦しめる」**という結果をもたらしているのです。

　このように、為替相場の変動に伴う損得関係を国境の枠を超えてグローバルな視点で見ると、少なくとも短期的に**1つの現象は「A国企業にとってはプラス」「G国企業にとってはマイナス」となることが多いのです。**

　しかし、たとえばわが国の企業が円高を克服するために生産コスト削減のためのさまざまな技術を工夫したことは、長期的に見れば、メリットであったと考えることもできます。
　その最たるものは省エネ技術の飛躍的な発展でした。2012年に至るまでの長期にわたる円高により輸出面でダメージを受け続けてきた日本のメーカーは、世界に冠たる省エネ技術の開発によって生産性効率の向上を果たしてきました。これが、日本企業の国際競争力を高める一助になったことは言うまでもありません。

2-6 為替相場の損益の考え方のキホン

> 外貨取引の損益を考える際には、為替相場を4象限の図を用いて整理してみるとわかりやすい

　ここでは、外貨取引を考える際の損益あるいはコストの具体的な考え方の基本を説明します。

　この場合、**「為替相場の4象限図」**（と私が呼んでいるもの）を利用すれば簡単です。

　右図がそれを示したものです。

　図の左半分が「円の世界」、右半分が外貨の代表としての「米ドルの世界」であると考えてください。さらに上半分が、ある時点Nでの為替相場、下半分が上とは異なる時点Mでの為替相場です。

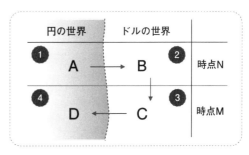

　この❶〜❹の象限に、それぞれ簡単な数字を入れることによって

為替相場をめぐる損益やらコスト計算の基本はおおむね理解できるはずです。

輸出業者にとって円高とは

まずわが国の産業の基幹を成している自動車、電機、エレクトロニクスなどの輸出に依存するタイプの企業にとって、円高は何を意味するかを図示してみます。

以下わかりやすいように「1ドル＝200円」から「1ドル＝100円」への円高を想定します。

T自動車は、小型乗用車を100万円の原価で製造していたとしましょう。そして、それを米国向けに1万ドルで輸出していたとします。

まずは1ドル＝200円の時代には、1万ドルで輸出し、1万ドルを受け入れれば、1万ドル＝200万円となり、200万円の売り上げが立ちます。つまり100万円の粗利益を得ることができたのです。

しかしその後、1ドル＝100円の円高になったのですから、同じ1万ドルの売り上げであっても、それを円に換えれば100万円にしかならないのです。粗利益はゼロです。これが、円高によって自動車会社の収益が圧迫される理屈の基本です。

そこで採算を引き上げるために先方と値上げ交渉を行い、1万1000ドルにしたとしましょう。この場合でも110万円の売上げしか得られません。粗利は10万円にとどまっています。

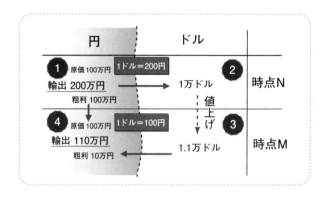

　つまり、ドルベースでの販売価格が同じである以上、円での売り上げ高が減るし、それを改善しようとすれば、ドルベースでの販売価格を引き上げなければならないことになるのです。

　販売価格の引き上げはただちに、先方の輸入先企業にとっては「より高い買い物」となるわけですから、すんなり応じてくれるとは限りません。

　たとえ多少の値上げに応じてくれたとしても、先方にとっては仕入れ価格が上がるわけですから、販売価格も上がり、最終消費者に対して提示されるこの自動車の価格も上がるのです。

　すなわち、輸入先の国においては、それ以前に比べてより高い価格でこの自動車は流通することになるのです。これが「(日本の国産品の)**海外市場での価格競争力の低下**」と呼ばれる現象です。

外貨預金利用の場合

　外貨預金や外貨建て MMF、あるいは外債などを直接買い付ける場合の損益は、どう考えればいいでしょうか。

　今度は逆に「1 ドル= 100 円」から「1 ドル= 110 円」へと円安・ドル高になった場合を考えてみます。

　まずここで注意すべきことは「1 ドル= 100 円、110 円」は**銀行間直物相場**であるということです。1 章で説明したとおり、原則として為替相場は同じ通貨につき同じ時刻でも複数のレートが存在します。これを考慮した上で、以上の取引を考えます。

　まず「銀行間直物相場が 1 ドル= 100 円」ということは、多くの銀行が適用している対顧客向けの米ドルの売りレートは 101 円です。そこで 101 円のレートで 101 万円を預け入れたとします。すなわち外貨ベースでの預け入れ元本は 1 万ドルです。

　ドルの預金金利は 4%としましょう。

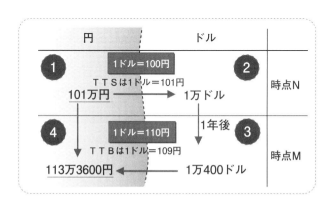

つまり、「1 ドル＝ 100 円」の時点で外貨預金に 101 万円預け入れ、これを 1 万ドルにしたうえで年利 4％で 1 年間運用したので、満期時には「1 万 400 ドル」になっていたわけです。金利、為替差益については非課税扱いで考えます。

　そしてこの時点では、「1 ドル＝ 110 円の銀行間直物相場」ですので、外貨預金として持っていた外貨を銀行に買い取ってもらえる相場（対顧客買相場）は「1 ドル＝ 109 円」です。ということは、結局この時点で円に換えて払い戻した場合には、113 万 3600 円になって返ってくるのです。

　以上でわかるとおり 100 円→ 110 円と円安になったといっても、銀行が受け入れる収益（預け入れ時と払い戻し時往復で 1 ドルにつき 2 円）を考慮すれば、実際には 1 ドルにつき 8 円分の為替差益を得たに過ぎないことに留意が必要です。

　米ドルでは 2 円のコストで済みますが、ほかの多くの通貨だと相当の負担になることには注意が必要です。たとえばユーロ預金だと多くの銀行では往復で 3 円、英ポンドだと、実に 8 円ものコストを支払わねばなりません（詳細は 181 p で）。

2-7 円高で青ざめる日本人の感覚は国際標準にあらず

> 日本人は、為替や経済を企業の論理として受け止めがちであり、消費者としての意識が強い国の人々と感覚が異なる

　日本人一般の経済に対する感覚の特殊性を言い表わすエピソードとして、かつて次のような例が取り上げられました。
　それは**「ドイツ人はマルク高になると歓迎するのに対して、日本人は円高で真っ青になる」**ということです。
　もちろんこれは、ドイツの通貨が現在のようなユーロではなくマルクであった時代のことです。しかし、今でも為替相場に対するものの見方は、欧州の人と私たちはちょっと違うのです。

　これは非常に面白いテーマを示唆していると思われます。
　まず、わが国では、一般人でも、**民間企業、それも輸出企業の立場でものごとを考えがちであるという点です。**
　古くから新聞などで取り上げられる円高に関する記事では、そのほとんどが「急激な円高により、特に輸出型企業は致命的なダメー

ジを受ける。なにしろわが国の主立った産業は素材を輸入して製品を輸出することによって成り立っていたのだから。輸出が困難になればこれは一大事」といった論調がほとんどでした。

そしてこうした円高脅威論が、企業レベルにはとどまらず、生活人としての個人でも、そのように受け止めるのが当然という風潮がありました。

つまりここでは消費者の論理は消えてしまって、生産者である輸出企業の論理が前面に出ているのです。

消費者の論理からいうと、円高は国内物価全般の下落につながり、本来消費者としてはまず喜ぶべきことであるにもかかわらず、円高メリットのイメージにはつながりにくいのです。
「お父さんの会社が大変になるから、賃金のアップ率も押さえられるであろう。生活が苦しくなる」という文脈で、まず円高という現象が理解されるのです。

ところが、ドイツなどではまるきり逆です。一生活人としての個人は、まず消費者の論理で自国通貨高を歓迎する傾向があるのです。「まず個人ありき」という考え方（文化）は、マルクからユーロに変わっても、基本的には同じです。

2-8 「円高」「円安」は経済のスタビライザー

> 円高・円安は、経済社会において大きなブレを軽減するスタビライザー（自動平衡器）の役目を果たす

　一定以上の船には、例外なくスタビライザー（揺れを緩和する装置）が備わっています。

　これは、船の左右、前後の揺れを緩和することで乗り心地を良くするための装置です。原理的には自動車のサスペンションに似ています。自動車にサスペンションがなければ、どんなに乗り心地が悪いでしょうか。何しろ地面のでこぼこがそのまま足の裏から、あるいはお尻に小刻みな衝撃を与えるとしたら、とても安心して乗ってられるものではありません。

　経済社会において各種のマーケットには、スタビライザーのような機能を果たすしくみがよく見られます。

　為替相場にもそんな面があります。

円高がスタビライザーになるとき

「円高」のケースを考えてみます。

相対的に安い労働力でかつエネルギー効率の高い生産体制で作り上げた高性能の自動車が、バンバン米国に輸出され続けて米ドルを稼ぎまくっている時期には、「円高」になりがちです。

ところが、すでに説明したとおり、円高はわが国の輸出業者の輸出を抑制します。ということは、わが国の自動車メーカー、販売会社が輸出を増やすほど円高になって、その円高が輸出業者の輸出を抑制するというメカニズムが働くのです。

米国向けの輸出が減れば、国内の自動車産業は生産ペースを落とすでしょう。そうすれば、業績も総じて落ちます。

つまり、**わが国の対米自動車輸出がどこまでも一方的に増え続けるという事態にはならない**のです。逆に言えば、米国の自動車メーカーが一方的に、日本のメーカーに対して負け続けることに、ある時点でブレーキがかかるのです。

円安がスタビライザーになるとき

あるいは円安の場合も同じです。

たとえば韓国から相対的に安く、かつ高性能のテレビや洗濯機をどんどん輸入し続けると、円を韓国ウォンに換えて支払うケースが増えてきます。これは韓国ウォンに対して円安が進むことを意味します。この場合、円安が進めば進むほど、「より多くの円を用意しなければ所定のウォンを支払えない」ということになります。

つまり、「円安・ウォン高」が進むことによって、わが国の韓国からの輸入にはある種の歯止めがかかるのです。

以上のように、為替相場が自由な需給バランスによって決まるしくみは、世界全体の経済活動を俯瞰して見た場合、結果として一種の自動調整機能を持つと考えることができるのです。

3章

What will happen if the yen weakens?

為替が動く
メカニズムを
徹底理解する

3-1 輸出主導の経済成長は円高を促す

> 40年の間に1ドル＝360円から一時80円台まで変化した円相場の大トレンドは、わが国が築き上げた低コスト、高付加価値の製品の生産能力によるところが大きい

　本章では、為替相場の変動メカニズムを述べますが、それに先だって、ここではこの半世紀のわが国の円と米ドルとの関係をざっと振り返っておきます。

　円は終戦直後から昭和47年まで1ドル＝360円を維持してきたのですが、2011年には一時70円台に、そして2024年には150円台へと変動してきました。

　1ドル＝360円とは360円で1ドルに換えられ、1ドル＝150円は、150円を差し出せば1ドルに換えてくれるということです。

　つまり、40年間の間に、**米ドルは円に対して2分の1以下の価値しか持たなくなった**のです。これは、長期のトレンドでみれば大幅なドル安＝円高です。

　では、360円なり150円なりといった為替レートは、どのようにしてその水準が決まるのでしょうか？

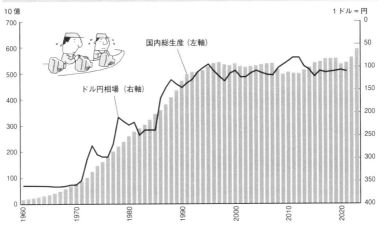

驚異的な経済成長とともに一貫して上昇し続けた円相場

製品や通貨に対する需要が高い通貨は上がる

　為替レートが決まる一番根っこにある要因は、貿易を通じた物品の売り買いです。

　他国の人がほしがる製品などを多く持っている国の通貨価値は、高くなります。その国の農産物、各種資源、製品への購入が増えれば、最終的には、その国の通貨に対する買いが多くなるからです。

　たとえば現在でも、日本車以上の品質を持つハイブリッドカーを生産できる国はありません。価格と相談のうえで最も品質、性能のいい小型の自家用車を購入しようとすれば、どうしても日本の自動車になるのです。

　こうした中では、日本の自動車メーカー、販売会社は米国の輸出先企業に対して、強気で商談に臨むことができます。たとえば「円

での決済を望む」「価格を上げてもらいたい」というようにです。

であれば、米国の輸入業者は、円で支払うために、あらかじめ米ドルを日本円に換えなければなりません。あるいは、米ドルで支払われた場合には、これを受け取った日本の自動車メーカー、販売会社が円に換えるのが一般的です。

いずれにせよ米ドルが売られ、円が買われるのです。もちろん、**日本円に対する買いが増えるため、日本円の通貨価値は上昇します。**

人気が集中する3要素

ところで、ある国の生産物に対する買いが増える場合には3つのケースがあります。

① **他の国ではそれを生産できない場合**
　　たとえば日本ではほとんど原油は採掘できません。となれば産油国から買わざるを得ないのです。そして原油の輸入が増えれば増えるほど、産油国の通貨は高くなりがちです。

② **同じ性能のものを生産しても、ある国での生産コストが他国より明らかに安いため、より安い価格で売られている場合**
　　このときには、より安値でそれを売る国の通貨が高くなります。今だと、さしづめ低い労働賃金を背景に、きわめて廉価な製品類を多く生産する中国などの通貨の価値が、本来であれば上がっているはずです。

③ **同じ価格で売られている製品であっても、明らかに他国の製品より性能がいいと国際的に認められている場合**

この場合は、やはり高性能製品が買われ、その国の通貨の価値が高くなるのは当然です。

さて、わが国の場合、少なくとも1990年代後半までは、ほとんどの時期において、以上の条件を満たしています。

昭和30～40年代には繊維、化学、鉄鋼、機械などの分野では安価な労働力を背景に、相対的に安い価格で各種製品を生産できました。さらには40～50年代以降は自動車、エレクトロニクスの分野では、わが国でなければ供給できないといういくつかの製品が出てきました。

少なくとも1990年代半ばに1ドル＝70円台まで円高が進んだ最大の要因は、日本のメーカーの低コスト、高付加価値製品の生産・供給能力だったことは間違いありません。

なお、2000年代以降はこの貿易活動が為替相場に与える影響は徐々に低下、それに代わって内外の金利差や物価上昇率の違いなどが為替相場に強い影響力を持つようになってきているのですが、そのメカニズムはp102以降で順に説明していくことにします。

3-2 景気のよしあしと貿易収支が為替相場を動かす

> 景気がよくて元気がある国には、海外諸国からお金が流れ込む。その過程で景気がいい国の為替相場は、強くなるのが一般的である

　活気がある街には、人が集まります。繁盛している店先は、込み合います。安くて美味しいラーメンをボリューム一杯で提供してくれるラーメン屋には、行列ができます。
　つまり、「景気」のいいところに人は集まるのです。

　地球全体で見た場合の、お金の流れも同じことです。
　お金は、景気のいいところが大好きです。
　お金は自分をより有効に使ってくれるところ、栄養のあるものを食べさせてくれて、より健康に生育させてくれるところに集まりま

す。つまり、景気がいいところに好んで行こうとするのです。

　もう少し、実際の経済に即して言ってみましょう。

「景気がいい」とは、企業の活動が活発で、より多くの良質な製品の生産が行われ、それを買ってくれる人も多くいるという状態です。

　そして企業は「消費者は積極的に買ってくれるから、多少値上げしてもいいだろう」と考えます。つまり売値を上げやすいわけです。こうしたときには企業業績もよく、**株価も上がりがち**です。

　であれば、それを見越して、その国に海外からお金が流入、その国の株が買われるでしょう。
　日本の企業の業績が相対的にいいと見た場合には、**外国人が、こうして積極的に日本の株を買おうとします。**
　たとえば米国人だと、米ドルをいったん円に換えた上でなければ、日本の株は買えません。この場合に、米ドルと円を交換する市場では、円に対する買いが増えるため、円の価値は上がります。

　たとえば、1ドル＝200円から1ドル＝100円というようにです（1ドル＝200円とは「100円＝0.5ドル」であり、1ドル＝100円とは「100円＝1ドル」なので、100円の価値が「0.5ドル」から「1ドル」に上がるわけです）。

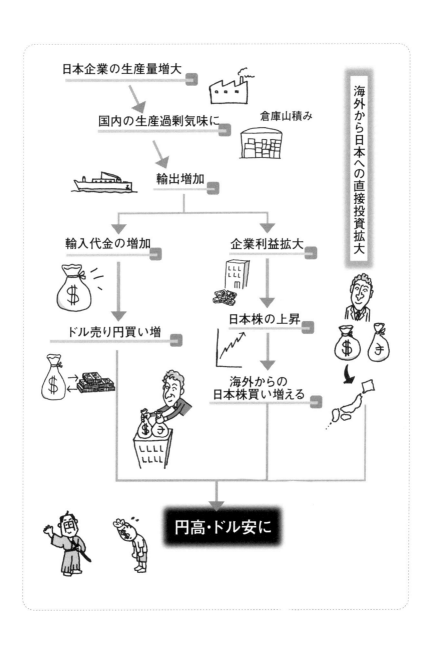

企業の輸出が増えると円が上がる理由

あるいは、日本の景気が米国に比べて圧倒的によく、その景気の良さの理由が、日本企業の生産拡大による場合はどうでしょうか。

日本で自動車、工作用機械、業務用エアコンなどが大量に生産されたものの、国内では捌ききれなかった場合を考えてみます。

ここでだぶついた製品は、海外への輸出に向かうでしょう（実際には最初から、輸出することを前提に生産量を決めている場合が多いのですが）。

とすれば、米国企業への輸出にともなって、たとえばトヨタは米国の輸出先企業のS社から多くの米ドルを受け取ります。

この場合、その多くを円に換えて国内で使おうとします。こうして米ドルで輸出代金を受け取った企業が、大量の米ドルを円に交換しようとすれば、円の価値は上がるのが当然。つまり円高・ドル安が進むのです。

これが**「貿易黒字が拡大している国の通貨価値は上がりがちである」**という意味です。

つまり、景気がよくて元気がある国に海外諸国からお金が流れ込む過程で、景気がいい国の為替相場は強くなるというのは、ごく自然な成り行きなのです。

個人消費が生産を上回ると為替相場は下がる

ただし、以上とは、ちょっと事情が異なる場合があります。

それは、**企業活動はさほど活発ではないのに、個人がせっせと消費に励むことによって、景気がよくなっている場合**です。

米国は、おおむね1990年代後半以降、このような事情にあります。

つまり、**米国国内で生産されているもの以上のものを、米国個人が世界中から購入している**のです。自動車、家電製品、各種家具などが、その典型です。

米国ではこのように、個人消費が増えているため、円以外の多くの国の通貨に対して米ドル安が進むという傾向にあります。

つまり輸入の増大によって貿易赤字額が増加、これがその国の為替相場下落を促すというわけなのです。

以上のように「景気が上昇している」といっても、その理由、背景によって、為替相場に対する影響は逆になることが、ままあります。

このあたりが「経済メカニズムの複雑さ」なのですが、だからこそ経済の動きは面白いとも言えるのです。

いずれにせよ、貿易において輸出のほうが輸入よりも多い国（貿易収支が黒字）の国の通貨価値は上がるのが原則です。

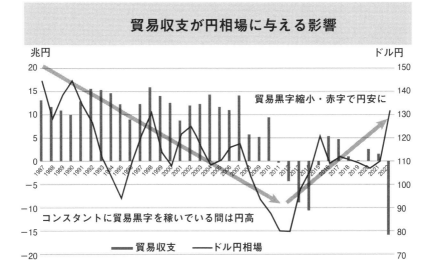

3-3 内外金利差が為替相場を動かす

> 景気の良い国の金利は上がり、その国の通貨もまた価値を上げる

　水は低きに向かって流れます。ところが**お金は、原則として、より高い金利が受け取れる通貨に流れる**のです。

　現在のように、ほとんどの先進諸国が為替相場を規制しないなかでは、さまざまな動機による為替売買が行なわれます。そのなかでも最もすばやい動きを示すのが、**通貨そのものの取引ならびに有価証券の売買等を通じた為替売買**です。

　今では、原則として国境を越えて株式、債券の売買は自由に行なえます。

　こうしたお金の動きは、国際収支統計では資本収支として示されます。これらの動きは当然、為替相場を動かします。

　この場合、円高がさらに進むのかそれとも反転、円安の方向に振れるのかを判断するためには、**円と海外の金利差の動き**がとても重要な意味を持ちます。

> **Thinking Time!**
>
> 米国の金利が一段高になったとしましょう。
>
> たとえば、米国のドル建て1年定期預金が1%から一気に5%になったと想像してください。
>
> 日本の円の預金金利は1年ものが1%で一切変わらなかったとしましょう。その場合、為替はどう動くでしょうか。

まず日本の預金に比べて米国の預金の魅力が一気に高まりますね。この場合、日本の投資家は、日本の預金の一部を取り崩して、それを米ドルに換えた上で米国のドル建て預金に預け直すでしょう。

つまりここでは、円が売られて米ドルが買われるというエネルギーが高まるわけですから、**円安・ドル高**に動きがちです。

あるいはこれまで、日本の個人は、投資信託や変額年金保険などを通じて米国、オーストラリア、ユーロ、カナダなどの高利回りの債券を積極的に購入してきました。

この場合、米国の国債で運用されている投資信託が日本の個人によって買われ、その資金が最終的に米国債券の購入に充てられます。

もちろんこの過程では、円が売られて米ドルが買われるわけですから、外国為替市場では**円安・米ドル高**を促すエネルギーとして働くことになります(次ページ参照)。

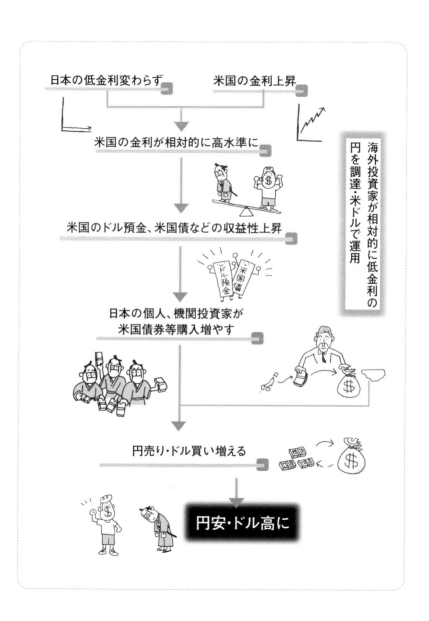

これは、私たちがごく最近経験してきたことです。2022年からドル円相場は一気に円安に傾斜しました。2021年までは1ドル＝120円くらいだったのが、2023年には150円に、2024年には一時160円台にまで駆け上ったのです。これにより、一時おさまりかけていた日本の消費者物価が再び上げ始めた記憶がある方は多いでしょう。

　この円安は、日本が依然としてゼロ金利を続けている一方、米国金利が連続的に引き上げられたことで日米金利差が一気に拡大してきた時期とほぼ完全に重なっています。つまり、金利差の変動がドル円相場を動かした典型的なケースだったのです。

3-4 インフレ率の差が為替を動かす

> ある国の物価上昇率が他の国の物価上昇率に比べて高いときには、物価上昇率が高い国の通貨価値（為替相場）は下がることが多い。

　前項まで、為替相場を動かす要因として「景気の動向」「貿易収支」「金利差」の3つを掲げてきました。
　しかし、実は、資産運用のプロであるファンドマネジャー（各種年金、投資信託等の運用責任者）が中期的な為替相場を予想するときに、これら以上に重要視している要素があります。
　それが、**各国の物価動向**です。
　つまり、各国の**インフレ率の差がどのように動いているか**、あるいは**これから動きそうか**というテーマがそれです。

　私たちは直感的に、為替相場を動かす材料としては「双方の国の金利差」「景況感の違い」「貿易収支動向」などのほうに目が行きがちです。なんといっても理屈が単純だからです。
　しかし、専門家はそれ以上に物価の動きに注目することには留意

しておいてください。

　もちろん、彼らは各国のインフレ率の差が為替相場に対して与える影響力の強さを十分知り尽くしているからです。

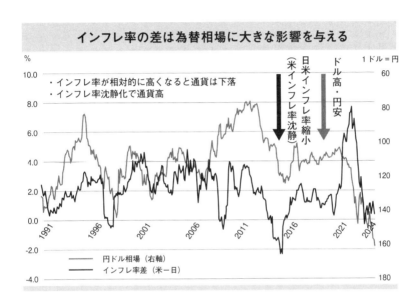

　図は、日米のインフレ率の差とドル円相場が果たしてどのような関係にあるのかを見たものです。つまり、米国のインフレ率が相対的に高くなって日米のインフレの差が拡大する時にはドル安・円高が進み、インフレ率差が縮小に向かうときにはドル高・円安方向に動いています。インフレ率が高い方の通貨が下がり、物価があまり上がらない国の通貨は買われて強くなるのです。

　グラフ中、2008〜09年と2021〜22年には一時的に逆行する動きを示していますが、これを除くとインフレ率とドル円相場は相当連動していることが分かります。

＊2008〜09年はインフレ率よりもはるかにリーマンショックからの影響が大きかったのです。それによって世界全体の経済が不安定になり、円が一気に買われ円高が進みました。2021年は世界的にインフレ率が上昇したのですが、それと同時に金利が一気に上がったため「金利差が為替相場を決める」というメカニズムが強く働いたのです。

購買力が各通貨の強弱を決める

　少し立ち止まって考えてみれば、このグラフの意味するところは分かっていただけるはずです。
　すなわち、米国のインフレ率が相対的に高い時期（上方へ推移）にはドルは安くなっているのです（ドル円の為替は上に行けば行くほどドル安・円高であることに注意してください）。逆に、米国のインフレ率が相対的に下がってくればドル高になっています。

　さて、ではこのインフレ率と為替相場の間にはどのようなメカニズムが働いていたのでしょうか。

　これは「**購買力平価説**」という名で知られている、為替相場を動かすとても大事なメカニズムなのです。
　他の多くの為替関連メカニズムは直感的にわかりやすいものが多いのですが、この「**物価動向が為替相場に与える影響**」はちょっぴりわかりにくいところがありますので、次ページ以下で丁寧に説明しましょう。

物価水準を基準にして為替の方向性を見る

これを考えるうえでの最も基本的な考え方は**「経済のあり方が自由であるかぎり、モノ一般はどこの国で購入しようと同じ価格であるのが合理的である」**というものです。

これによって為替相場の動きを説明しようとする考え方を**「購買力平価説」**と呼びます。つまり**「通貨の強さは各通貨の購買力の強さに比例する」**ということです。

たとえば、同じ大きさのビッグマック１個がNYのセントラルパークで２ドル、渋谷駅前では300円であったとします。この場合、２ドル＝300円、つまり１ドル＝150円という為替レートが合理的であるはずです。

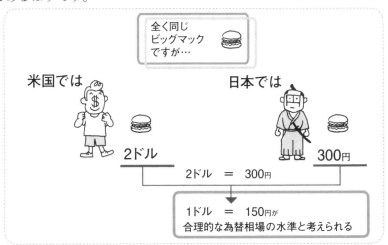

つまり、このビッグマックだけを基準とする以上、１ドル＝150円が合理的な為替相場であると考えられるのです。

物価が上がっている国の通貨は通貨価値が下がる

　では、日本のビッグマックの価格は300円で変わらず、米国のビッグマック価格が3ドルになったと想定してみましょう。この場合、以上の購買力平価説によると、3ドル＝300円、つまり1ドル＝100円が為替相場として安定する水準であると考えられるのです。

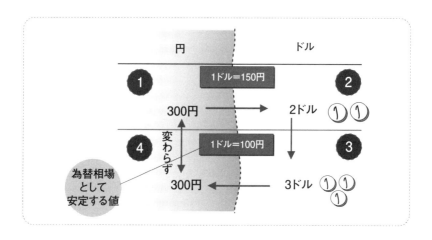

　ところで、この購買力平価説が説かれるときには、判で押したように「ビッグマック」が取り上げられます。これには相応の理由があります。

　それは、ビッグマックほど日常生活に密着しており、かつ世界中の極めて広範囲の国、地域で商われており、さらには品質がほぼ均一である製品はないと考えられているからです。価格を比較するためのアイテムとしては格好の製品なのです。

もっとも、購買力平価説で実際の為替の動きを解釈するのに、ビッグマックだけを例に取り上げるのは現実的ではありません。
　現実に経済分析を行うときには、ある特定の商品の価格だけを基準にするのではなく、全体的な物価水準を基準にして、理論的に妥当な為替水準が試算されるのが普通です。
　「ＩＭＦの試算では、購買力平価説で円とドルの為替相場を弾くと１ドル＝130円が妥当な水準である」といった報道にお目にかかることがありますが、こうした文脈でも購買力平価説が利用されるのです。

　つまり、**ある１国の物価上昇率が他の国の物価上昇率に比べて高いときには、物価上昇率が高い国の通貨価値（為替相場）が下がるのが理論的**なのです。

　ちょっとわかりにくい方は「購買力平価」という言葉にこだわって理解してみるといいかもしれません。
　上の例ではまず、日本の場合、300円という貨幣が持っているビッグマックを買う力（購買力）はビッグマック１個分です。これは変わっていません。

　これに対して米国では、最初は２ドルというドル紙幣が持っている購買力はビッグマック１個分であったのが、値上げされた後では同じ２ドルではビッグマック１個の３分の２しか買えなくなっています。
　つまり米ドルの購買力が低下しているのです。

「購買力が低下した通貨の価値は、相対的に低くなって当たり前」
と言ってしまえばわかりやすいと思うのですが、どうでしょうか。

　何しろ、通貨のもっとも本質的な価値は「それで何をどれだけ買えるのか」なのですから。つまり「購買力」が通貨の持つもっとも重要な価値であるはずなのです。
　とすれば、購買力が下がった＝通貨としての価値が下がった＝為替相場も下がる、ということはとても理に適っているのですね。

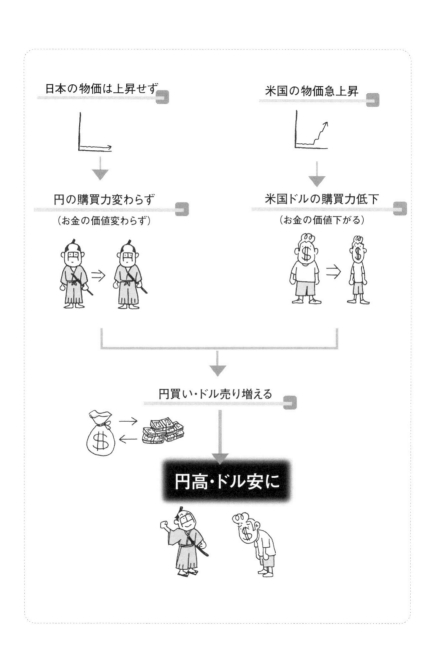

株価が為替相場を動かす

> 企業の業績がよく、国内外の投資家が買うことで企業の株価が上昇している国の通貨は、通貨価値が上がることが多い

　日々の株式市場を注意深くご覧になっている方なら、**日米の株価の動きに差が生じるときには為替相場が動く**、という感覚を自然に体得されていると思います。

　たとえば日本の株式が、全般に順調に上げているときには、さらに日本の株価が上昇するだろうとの期待感から、国内投資家だけではなく、海外の投資家からの買いも増えるのが普通です（ここでいう「順調」とは、海外諸国の株価の動きに比べて相対的に日本の株の上昇ピッチが早い、といった意味です）。

　このような場面で、**海外の投資家が日本株への買いを増やそうとする**ときには、彼らが持つ外貨をいったん円に替える必要があります。

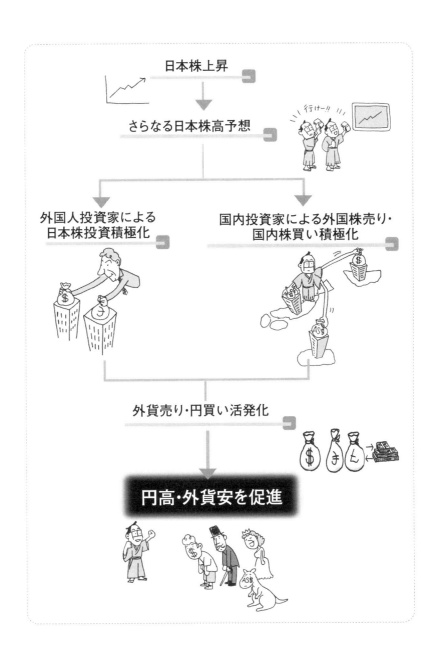

このため外国為替市場では**外貨売り・円買いの売買が盛んになり、外貨安・円高**方向に動きがちです。

　あるいは、将来的に米国株よりも日本株のほうに、より期待が持てる場合には、日本の投資家も米国株式を売却して得た米ドルを円に替えて、それを日本株の購入に充てようとするでしょう。
　この場合も同じく、米ドルが売られて円が買われがちです。
　つまり、より上昇ピッチが速い株式市場へ資金が流入しがちであるため、その国の通貨価値が上がることが多いのが原則なのです。

　なおこの場合も、他の多くのメカニズムと同様、「日本株が高くなったから円高になる」というよりは**「これからさらに日本株が高くなるであろう」という予想が、以上のような日本株の購入に積極的な態度をとらせる**、というべきでしょう。

　つまり、将来への予想がお金の投資先を選ばせるという意味では、他の多くの経済メカニズムと同じです。

　さらにいえばこの場合、外国為替市場では「海外投資家の日本株買いに伴う米ドル売り・円買い」だけが為替相場を動かすのではありません。
　こうした原因によって「円高・ドル安」が進行するだろうという予想をもとに、**純然たる円に対する投機、投資が円高に拍車をかける**ことが少なくないのです。

確かに図でみても、1996年から2001年にかけて、さらには2002年から2004年ごろにはそうした傾向が見られます。すなわち、日本株が下落している時期には円安が進んでいますし（95年〜98年）、株高が進行している時には円高が進んでいる（98年〜2000年半ば）ことが読み取れます。

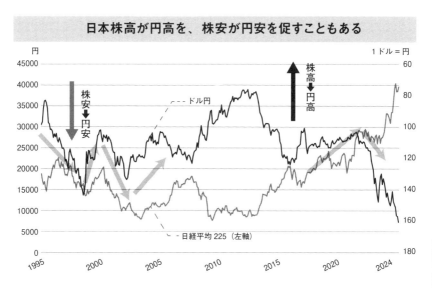

日本株高が円高を、株安が円安を促すこともある

　最近だと、2017年〜21年には円高と日本株高が、2021年〜2022年には円安・株安が同時に進行しています。

　なお、為替相場と株価の関係については、株価がより順調に上がっている国の産業景気はそれだけ良い、と見ることもできます。
　つまり、株価が企業の業績を裏付けるように上がっている国には、より高い収益を求めて海外からお金が流入するのが原則です。企業の買収を含む資本参加や株式の購入に伴って、その国の通貨が買わ

れるのです。
　こうした点から見ても、株高＝企業景気の良さ＝お金が集まる＝その国の為替相場が上がる、というメカニズムは自然だと考えられるのです。

　ただし過去の事例を長期で見る限り、ここで述べた「株価」→「為替」のメカニズムよりも、むしろこの後で述べる「為替」→「株価」のメカニズムのほうが多く観察されることには注意が必要です。

3-6 円高になれば日本株が下がる理由

> 円高は輸出業者にとり、価格競争力が下がり、モノ一般が輸出しにくくなるので、結果として業績が悪化し、株価が下がることが多い

　これ以降は、前項までとは逆に、為替相場が動けば、それがほかの経済ファクターに対して、どのような影響を与えるかについて、説明していきます。

　今や為替の動きに影響を受けないような経済活動は、ほとんどないといっていいでしょう。すでに本書で述べてきたことですが、大切なので重複を厭わず説明することにします。

　1ドル＝200円から1ドル＝100円へと円高が進行したとしましょう。

　日本の輸出業者にとっては、この円高は、次のようなことを意味します。

a. ドル建てで1億ドルのものを輸出した場合

1ドル＝200円の時代には、受け取った1億ドルを日本で使おうとすれば200億円になったが、1ドル＝100円の時代になったので100億円の円貨を得るにとどまる。

ドル建てで輸出して以前と同じように200億円の売上げを上げるためには、**輸出価格を2倍**にしなければならない。

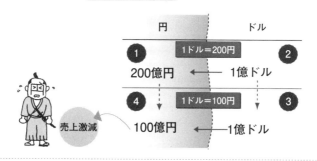

b. 円建てで200億円の輸出を行った場合

1ドル＝200円の時代には、米国の業者は1億ドルを支払えばよかった。が、1ドル＝100円の時代に同じ200億円分の輸出を行なうときには、米国の業者は2億ドルを支払わなければならない。

このため、米国の業者にとっては、実質的な**輸入価格が2倍**になり、米国内での販売価格を大幅に引き上げなければ採算が合わない。

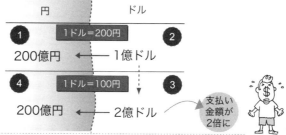

つまり、円高が進むと日本の輸出業者側から見ると「ドル建てで輸出すれば手取り円資金が減るし、かといって同じ円資金を得ようとすれば、米国での販売・流通価格が上がるので売りにくい」となるわけです。

すなわち、円高は輸出業者にとって、モノ一般が輸出しにくくなることを意味するのです。

　現実には、**わが国の輸出業者の多くは、ドル建てで輸出を行なっています。**昨今のデータでは、輸出の場合の通貨建ては、円建てが35％、ドル建てが50％程度、輸入の場合には円建てが25％、ドル建てが70％くらいです。

円高を値上げのチャンスにする起死回生策

　ところで、教科書的にいえば、以上のように「円高で輸出企業は困る」「輸出採算は悪化する」となります。しかし、ここで輸出業者は「だから輸出を減らそう」とあきらめるわけではありません。
　実際には、「何とかして収益を確保しよう」と考えます。

　この点をもう少し突っ込んで考えてみましょう。
　1ドル＝200円から1ドル＝100円になったことに伴って、次のように考えた輸出業者（人形製造・販売業）がいるとします。

1ドル＝200円の時代には原価150円の人形を1ドルで輸出し、200円を手にしていた。ところが、1ドル＝100円の現在、同じ1ドルで輸出しても100円しか手に入らない。つまりコスト割れだ

ではこの業者は「したがって輸出はストップする」となるのでしょうか。

決してそうではないはずです。一定の生産量を維持することで利益を維持し、輸出でかせげなくなった分を、国内の需要で穴埋めできないとすれば、何らかの形で輸出を続ける必要があります。つまり、輸出を行なっても採算が割れないような状況を作らなければならないのです。

その最も簡単な方法は、輸出価格を引き上げることです。

上の例でいうと、輸出価格を1ドルではなく、たとえば極端に言うと2ドルに引き上げればいいだけのことです。2ドルで輸出できれば、1ドル＝100円の時代にあっても200円の円資金を手にすることができるのですから…。

言うまでもなく、ここで問題になるのが**「では輸出先の米国の業者は、同じ人形を1ドルから2ドルに値上げするという要求を呑んでくれるかどうか」**ということです。

ここで米国の輸入企業が**「値上げを呑むかどうか」**は、**「値を上

げても米国内で売れるかどうか」という1点にかかってきます。

　そして「小売価格がたとえば2倍になっても売れる」のなら、2ドルへの値上げを受け入れるでしょう。ほかにその製品がなければ、値上げがスンナリ通るでしょうし、類似商品が多いような製品であれば、値上げは困難であるはずです。

　ここで1つの点を指摘できます。

　それは、**円高は国内の輸出業者が輸出する製品の価格競争力を低下させる**ということです。

　上の例でいうと、米国の業者が今までは輸入コスト1ドル＋マージン0.2ドル＝1.2ドルで販売していたものを2.2ドルで販売しなければならなくなれば、米国内でのその製品の価格競争力の減退を意味します。全く同じ韓国産の人形が米国で2ドルで買えるなら、誰も日本から2.2ドルで買おうとはしないでしょう。

円高時の業績悪化を食い止める不屈の努力

　円高時には輸出企業は基本的に業績が悪化します。しかし、それを食い止めるために様々な工夫を行ってきましたし、また現在でも不屈の努力を行っています。いくつかの代表的な例をあげておきます。

その1－ 為替先物予約を行う

　さらに円高が進むと思われる場合には、あらかじめ輸出代金の受け取り時に合わせて、米ドルを売って円に換えるという先物予約（＝輸出予約）を行います。これによって、円高・ドル安が進行してもある程度は損失をカバーできます。（為替先物相場については183p以降で説明します。）

その2－ 原材料などの調達先を海外に切り替える

　円高だということは、海外からの輸入品が安く買えるということです。そこで、国内で調達していたのとほぼ同じ品質の原料、部材等を海外から輸入できるものであれば、円高を利用して以前よりも安く調達できる場合があります。

その3－ 高品位の製品を作る

　本文にも記しましたが、円高に対処するためにドル建ての輸出価格の引き上げ要求がすんなり通れば問題ないのです。そのためには輸出先の企業が「多少値上げされてもしようがない。何しろ品質の面では他に類似品がないからな」と思わせればいいのです。つまりオンリーワンであれば、円高でも国際競争力を失わなくて済むのです。

3-7 円高になれば国内物価が下がる理由

円高になると輸入活動が活発になり、安価な海外の商品が流入することで国内の物価が下がることが多い

輸入業者にとっても、為替相場の変動は大きな意味を持ちます。
たとえば直接、間接を問わず原油（エネルギー）の恩恵を受けていない企業なんて、ほとんどないはずです。
電力の相当部分は原油などの化石燃料によっていますし、自動車は、そのほとんどが原油エネルギーによるものです。
あるいは、ほとんどの化学製品はその原材料の一部として原油を用いています。つまり企業がモノ、サービスを生産するに際して、最も基本的な素材、原料が原油なのです。

ところで、この原油の購入（輸入）価格は、為替相場の変動から大きな影響を受けています。日本の**輸入業者にとって**為替相場の変動はどんな意味を持つのか、前項と同じ条件で、考えてみましょう。

a. ドル建て輸入の場合

1ドル＝200円の時代に、ドル建てで1億ドルのものを輸入する場合、手持ちの200億円を1億ドルに換えて支払う必要があったが、1ドル＝100円になれば100億円の円資金を用意、これを1億ドルに換えて支払えばよいだけのことである。

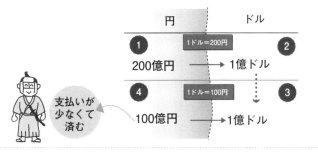

b. 円建て輸入の場合

1ドル＝200円の時代に円建てで200億円のものを輸入すると、米国の輸出業者は200億円＝1億ドルを受け取る。しかし1ドル＝100円の時代になって円建てで200億円の円を受け取り、これをドルに換えれば2億ドルになる。したがって米国の輸出業者は、円建て価格の値下げに同意する。

つまり同じモノ、量であっても、200億円ではなく150億円でもいいというよう値下げが行われる（可能性もある）。

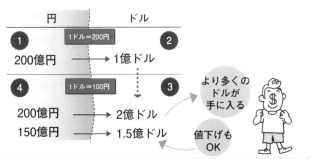

つまり、円高になった場合、ドル建て輸入のケースでは、日本の輸入業者にとっては、**より少額の資金で同じだけのものを購入できる**のです。
　また、円建て輸入の場合には、**輸入価格引き下げの交渉が容易になり、実際に輸入価格が下がることが多い**のです。
　こうして実質的な輸入価格が下がれば、国内での流通価格も下がり、最終的な消費者販売価格も下がります。つまり、全体として物価の値下がりに寄与するのです。

　これが円高デフレです。むろんこうした状態のもとでは、量的に見る限り、輸入活動は活発になります。

円高の影響は輸入品だけに限らない

　では、円高は、外車などの輸入製品あるいは原材料の価格だけを下げたのでしょうか。
　いや、決してそうではありません。

　たとえばパソコンなどのデジタル機器は台湾、韓国や中国からの輸出攻勢を受け、国内製品の価格が大幅に下がりました。
　あるいは、紳士服など比較的高価な衣料品でもそうです。国産品は格安の輸入品に押されて、大幅なダンピングを余儀なくさせられたのに続き、ほとんど壊滅状態に追い込まれました。
　これはいうまでもなく、価格競争原理が働いているためです。つまり、**円高によって価格が下がるのは輸入品だけではなく、それと**

競合関係にある国内製品の値下げにもつながるのです。

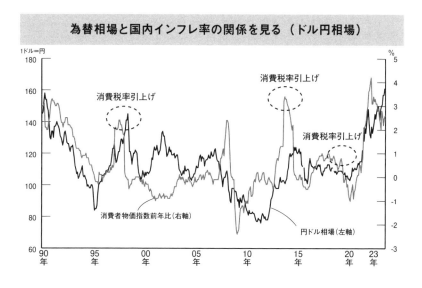

為替相場と国内インフレ率の関係を見る（ドル円相場）

円高により国内物価が下がる

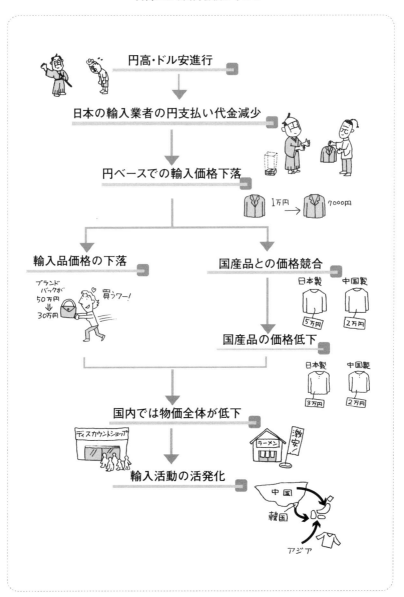

以上で、為替相場の変化が企業活動に対して与える基本を説明してきたのですが、ここで一言いっておいたほうがいいことがあります。

　それは、**ひと昔前に比べて円高・円安により、個別企業の業績が極端に振れることはあまりなくなってきた**ことです。

　これには、いくつかの原因があります。

　1つは、円高に弱い企業は、長年にわたる円高基調の中で、**生産拠点等を海外に移転**させることで、**円高になってもさほど損失を被らない企業体質を育て上げてきた**ということ。

　2つ目には、為替先物やオプション等の高度な金融技術を駆使することで、**為替相場の変動リスクを相当程度ヘッジすることが可能になってきた**からです。

　なお、以上の「円高で輸入価格が下がる」というのは第2章で説明したイメージで捉えてもらっても結構です。
　つまり「円高で円の価値が上がる」→「価値が上がったのだから、より少ない量のお金（円）を相手に渡すだけでOK」というようにです。

3-8 為替相場をめぐる常識が崩れてきた

> 為替相場をめぐる因果関係の原則は、以上で説明したとおりだ。しかし、最近は、そんな原則通りには動かない不規則なケースも多くみられる。ここではそんな点をいくつか挙げたうえでその背景を説明する

1，円安でも輸出量は増えない

　従来の常識では、円安になれば輸出量は増えるはずでした。円安が進むと、ドルベースでの輸出価格を多少下げても十分利益が得られるため、輸出企業は「値下げして輸出相手国の企業により多く買ってもらう」という戦略が一般的だったからです。

　しかし、2013年に第二次安倍政権がスタート、いわゆるアベノミクスという経済政策が実施されてからは、この常識が通用しなくなってきたのです。

　この時期、急速に円安が進んだものの、**輸出企業は輸出価格を下げなかった**からです。価格を下げて輸出数量を増やすのではなく、「ここで一気に儲けてやれ」と考えたのです。

　2008年に米国の大手銀行リーマンブラザーズが倒産し、世界の

金融・経済が大きなショックを受けた後の急激な円高による悪夢、つまり急速な円高により輸出企業が決定的なダメージを受けた記憶を蘇らせたためです。「今は、円安が進んでいるのでいいけれど、再び円高になったときに、今度は輸出先の企業に値上げを要求しても難しい」と考えたのです。

もう1つ理由がありました。「値下げすれば売行きが増える」という洗濯機、冷蔵庫、炊飯器などの輸出製品は激減していました。これらは、以前は値段を下げれば確実に売れ行きが増えたのです。しかしこの時期にはすでに、韓国、中国企業の低価格製品に押されて、国内ではこれらの製品をほとんど生産しなくなっていました。

これに代わり、スマートフォンに組み込む小型モーター、カメラセンサー、リチウム電池等が輸出の柱の1つになってきたのです。これらの高付加価値製品は、値段を下げたからと言って多く売れるものではありません。こうして、**円安になっても値下げしないから輸出量は増えにくくなってきた**のです。

2，円高・円安からの影響を受けづらくなってきた日本株

　最近では、**円高・円安により、日本の株価が大きく動くことはなくなって**きました。これには、いくつかの原因があります。

　1つは、もともと円高に弱い自動車、工作機械、半導体などの輸出型企業は長年にわたって円高が続く中で、生産拠点等を海外に移転させる戦略をとっていました。つまり、海外の企業に売る場合でも国産品を輸出するのではなく、現地の工場で生産し、現地の企業に販売する経営スタイルをとる企業が増えたのです。これにより輸出自体が減ったために、円高になっても損失を被らない企業体質を育て上げてきたのです。

　2つ目には、為替先物やオプション等の高度な金融技術を駆使することで、為替相場の変動リスクを相当程度ヘッジすることが可能になってきたこともあります。

　3つ目は、為替相場に左右されない輸出品が増えてきたためです。先ほども触れたセンサーやリチウム電池のほか、半導体ウエハー、航空機エンジンの部品、産業用ロボットなど他社の追随を許さない独自の製品が輸出品の大きな柱に育ってきました。
　これらの高品質な製品は、輸出先の企業から見ると「これは日本のＴ社から買わざるを得ない」わけです。
　つまり**為替相場の変動に売れ行きが左右されにくい製品が輸出の主力になってきていた**のです。

3，日本株高が円安を促すことも

　日本株高が海外の投資家の日本株買いを誘う結果、外貨が売られて円が買われて円高に、というのは直感的にわかりやすい話です。しかし最近では、**日本株が上がればそれに伴って円が売られて円安になる**ことがたびたび見られます。

　その原因の1つは、日本の株式の買い手として米国などの巨大な**機関投資家（年金基金など）のシェアが高くなってきたから**です。彼らは日本株の組入れ比率を一定の水準（たとえば5％）にコントロールしています。運用のルールを決めているのです。

　たとえば、日本株が上がると彼らの日本株保有シェアは6％、7％というように上がります。これをあらかじめ決めた比率（たとえば5％）内に調整するためには、売らなければなりません。専門的には**リバランス**と呼ばれるものです。バランスを取り戻す、といった程度の意味ですね。

　そこで、日本株を売ればどうなるか？　売却代金として得た円を売り、ドルを買いという操作を行うのが普通です。このため円安になるというわけです。

　ややテクニカルな理由ではあるのですが、時折こうしたメカニズムが働くことがあるのです。

3-9 日本は長らく世界一の低成長国なのになぜ円高だったのか

> 「低成長→円安」よりも「低成長＝物価安（デフレ）→円高」というメカニズムの方がより強く働いた

　本章の最初で「景気の良い国、あるいは経済成長率の高い国の通貨は買われて高くなる」と説明しました。しかし、そこで疑問を持った人もおられたはずです。

　「日本は2012年まで20数年以上にもわたって世界一景気が低迷していたのに、なぜ円高が長く続いたの」と。

　確かにデータを振り返ればその通り。不動産・株式バブルが一気に弾けた1990年頃から20年以上にわたり、日本経済はほぼ一貫して米国の後塵を拝していました。しかしその間、円高が進んでいます。130円台から2012年には70円台まで円高が進んだのです。

　これは本章の冒頭で述べた「成長率の高い国の通貨は買われて強くなる」＝「経済が疲弊してくれば通貨は売られて安くなる」とは相容れません。なぜか？その理由の1つは、「低インフレ国の為替相場は上がる」という購買力平価の考え方で説明できます。

　デフレ＝物価が上がらない、という状態は、「購買力平価」の考え方でいうと、通貨が買われる条件だからです。「物価が上がらない」＝「通貨の購買力が落ちない」⇒「だから買われる」というメカニズムが働いたのです。

　ただし、経済のメカニズムはさまざまな要素が複合的に絡み合って起きるものです。1つの現象が1つの原因だけということはほとんどありません。今から振り返ると、これ以外にもいくつもの原因があったことが分かります。

1，労働コスト削減と生産の効率化

　まず、労働コストが下がるとともに日本企業はこぞって生産性の

向上を目指したことです。

1990年代以降、日本企業は厳しい経済環境に対応するため、人件費の抑制や業務の効率化を徹底的に進めました。この結果、**日本企業の国際競争力が維持・向上し**、日本製品の品質と信頼性が高く評価されました。これが日本の輸出競争力を支え、**貿易黒字の継続**につながりました。

貿易黒字が続くことで、円買い⇒円高をもたらしたのです。しかし一方では、**賃金の伸び悩みで個人消費が長らく低迷**するという負の効果をもたらしたことも事実です。

2，世界の資金が円買いに向かった

長年の経常黒字により、日本は**世界最大の債権国**となり、海外投資に伴う**利子・配当収入が増加**するとともに、円に対する需要を生み出しました。

さらに、世界経済の不確実性が高まるたびに、世界最大の対外資産を持つことが評価され、**円が「安全資産」として認識される**ようになったことも要因の1つです。

2000年には米国でITバブルが弾け、2008年には米国でリーマンショックが起き、さらにその後のギリシャやイタリアなどの欧州各国の財政債務が危機的状況に陥りました。そうした世界的な金融危機時には、投資家が安全性を求めて円を購入する傾向が強まったのです。

こうした経験は、為替レートと経済成長の関係が必ずしも単純ではないことを示しています。

column

債券が売られれば利回りが上がる理屈

「債券が売られれば価格が下がり、利回りが上がる」という箇所が理解しにくかった人がおられるかもしれません。しかし、ここはとても重要な箇所なので、補足的に説明しておきましょう。

　金利の中でもっとも自由に形成されているのは、実は債券利回りです。言い換えれば「最も自由な需給バランスに応じてその価格、利回りが決まるのが債券」ということです
　ここではまず、**「債券とはお金が必要な人がお金を融通してくれる人に振り出す借用証書のようなもの」**とだけ理解しておいてください。
　この場合、**「満期までの期間」「債券を買った人に1年ごとに支払われる利子」「額面100円の債券を買うことのできる価格」** の3つが決められます。

　さて、ではここに期間2年、クーポン3％、額面金額100円の債券を想定しましょう。つまりこの債券を買えば「今後2年間、年あたり3円（額面100円の3％分）の利子が得られ、2年後の満期時にはこの券面と引き換えに100円のお金が払い戻される」ことが約束されているのです。
　この債券を買いに行ったところ、80円の値段が付いていました。ところが午後になって同じ証券会社を訪ねれば90円になっていたとします。80円で買えたときと90円のときとでは、利回りはどちらが高いでしょうか。

column

　この債券を満期まで持っていれば、最終的に106円が手に入ります。これはこの債券をいくらで買った場合でも同じことです。
　であれば、より安く買ったほうが得に決まっています。
　つまり**「価格が安いほうが収益性は高い」**だから**「利回りも高い」**のです。80円のときのほうが利回りは高かったのです。

　数字を使えば次のようになります。
　80円で買えたときには、最終的な収益は26円。したがって1年あたりでは13円。この13円は当初の投入資金80円からみれば16.25%です。これが利回りです。これに対して90円で買ったときの収益は16円。1年平均では8円。この8円は当初投入金額の90円の8.88%にすぎないのです。

債券の価格と利回りの関係

額面100円	------	満期に100円で返ってくる
クーポン3%	------	1年に3円の利子を受け取れる
期間2年	------	2年後に満期を迎える

（この債券を満期まで持っていれば、106円を手にする）

80円で買ったとき
$$\frac{(106-80) \div 2}{80} \times 100 = 16.25\%$$

90円で買ったとき
$$\frac{(106-90) \div 2}{90} \times 100 = 8.88\%$$

3-10 物価・為替・金利がお金の価値を測る3つのメジャー

> お金の価値を測るメジャーには、物価、為替、金利の3つがある。3つの間の基本関係は、物価上昇→国内金利は上がり→外国為替市場では円安が進む、というものだ

　通貨の番人である日本銀行の人と話していると、一瞬、世界がひっくり返ったかと感じることがあります。

　たとえば、タバコの値段が1箱400円から700円に値上がりしたとき、私たちは素直に「上がった」と感じます。しかし、日本銀行勤務のある知人は、明らかに「下がった」と認識しているようなのです。

　そう。**「通貨価値が下がった」**というイメージなのです。

　実は、以上の受け取り方に、経済の根幹を成す**「交換」**の本質を見ることができます。

　つまり、AとBが日常的に交換され、その交換条件（比率）が変動するときには、一方の価値が上がるとともに必ず他方の価値は下がっているのです。

第1のメジャー：物価

ところで、上の例だと、お金の価値がタバコとの関係で測られています。これが物価です。

つまり物価とは「ものの値段」であるとともに「お金の価値」をも示しているのです。言い換えれば、「物価とはお金の価値を測るためのメジャーの1つ」なのです。

JRの初乗り運賃で考えてみましょう。

現在は140円（東京の場合）東京電車特定区間ですが、100円の頃を思い出してみましょう（1979年頃）。「あの頃は安かった」と同時に「あの頃はお金の価値が高かった」と言ってもいいのです。

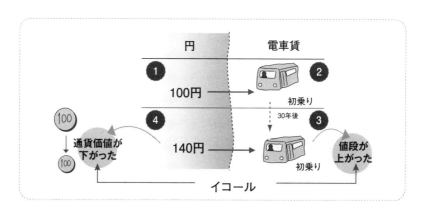

為替もお金の価値を測る2つめのメジャー

ところでお金の価値を測るメジャーは「ものの値段＝物価」だけ

ではないことにお気づきでしょうか？

そう。この本のメインタイトルの「**為替**」はまさにそれです。

つまり、「円」なら「円」が、米ドルとの交換を行うに際してどのような比率で行われるか、を示すものが為替相場です。

1ドル＝120円から1ドル＝100円になったということは、1ドルという商品を買おうとするときに120円支払わなくても、100円でOKになったことを示しています。つまり円の価値が高くなったのです。

第3のメジャー：金利

さらには実は、**金利もお金の価値を測る立派なメジャー**であることはおわかりですか？

一言でいうと金利は、時間の経過とともにお金の価値がどう変化するか、を測るためのメジャーです。

それでは、金利が高いときと低いときとでは、お金の価値の変化はどのように違うのでしょうか？

多分多くの方は勘違いされていると思うのです。

つまり「そりゃ、金利が高いときにはお金が増えるのだから、お金の価値は高くなっていくよね」と。

しかしこれは、全く逆です。

お金の価値の上がり下がりは、たとえばこう考えるべきです。

> **Thinking Time!**
> 「目の前にある（タンスにしまいこんである）具体的な100万円の札束」の価値は時間が経つにつれてどうなるか。

結論を先にいってしまえば、**「金利が高いということは、時間の経過に伴うお金の価値の下落ピッチが大きい」**のです。

　たとえば、1年定期が10％（単利）のとき、当初預けた100万円が10年後には、当たり前のように200万円になっています。これに対して、金利が1％のときには110万円にしかなっていません。
　前者のケースではタンスに入れてあった「100万円札束そのもの」の価値は10年定期預金の満期金として返ってきた200万円からみれば、半分の価値しかありません。これに対して後者のケースでは、定期預金の満期金の110万円からみれば100万円の価値は11分の10に下がっているに過ぎないのです。

　つまり、**金利が高い時期には、お金そのもの（現金）の目減りは激しいと考えるべきです。**

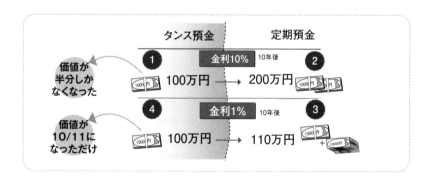

3つのメジャー：物価、為替、金利の相関関係

　以上のように物価、為替相場、金利はいずれもお金の価値を測るメジャーであるとするなら、お金の価値の高低をテコにして、「物価」「為替」「金利」の間には、ある種の関係が働いているはずです。
　ここで、次のような考えが浮かんでこないでしょうか？
　すなわち**「物価というメジャーで見た場合に、お金の価値が急速に下がっているときには、為替というメジャーで見ても、金利というメジャーで見ても、おそらくお金の価値は下がっているに違いない」**というようにです。

　この章では、為替相場が動く原因、為替相場が動くことで、それ以外の経済ファクターにどのような影響を与えるか、ひとわたり見てきました。そこでこの章を終えるに当たり、これらの関係をちょっと違った観点からまとめておこうと思います。

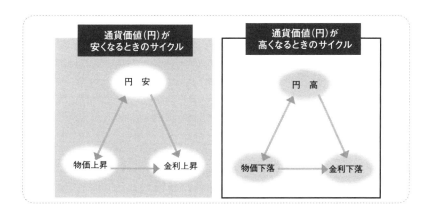

まず物価が上がっているときには「お金の価値は下落」しています。

では、このときには金利はどうなるでしょうか。

これは先に学んでいただいたとおり、**金利は上がる**のが原則です。

つまり、「**お金の価値下落**」**というキーワードのもとで**「**物価の上昇**」**と**「**金利の上昇**」**は同時に起こるのが経済原則なのです。**

では、このときには為替はどうなるでしょうか。

「国内の物価上昇率が高い時期（インフレ時）」には「円安」になるのが原則だと記しました（3章4項参照）。つまり、このときには**為替相場から見ても**「**円の価値は下落している**」のです。

すなわち「**物価急上昇**」**のときには、**「**国内金利は上がり**」、「**外国為替市場では円安が進む**」**ことが多い**のです。

これとは逆に、「お金（円）の価値が上がっている時期」にはどのような現象が手を携えて進んでいくかを示したのが前ページの図の右側です。

この時期には「物価はあまり上がらず（場合によっては下がり）」「金利も低下し」「為替市場では円高が進む」といった一連の現象が同時に起こりがちなのです。

これがお金の価値が上がっている時期（あるいは減り方が少ない）時期の経済メカニズムの原則なのです。

為替相場の変動メカニズム

	円高	円安
景気	**フェーズ1＞金融商品** 日本の景気が上昇→金利が上昇（一段高）→日本の金融商品の有利性が増大→海外からの買いが増加（ドル売り・円買いの増加）→円高・ドル安 **フェーズ2＞資本移動** 日本の景気が上昇→海外からの資本移動が活発化→海外民間企業の日本支店や駐在員事務所の開設など→日本の株式購入（ドルを売って円を買う）→円高・ドル安	**金融商品** 日本の景気が下落→金利が下落→日本の金融商品の有利性が減少→海外からの売りが増加（円売り・ドル買いの増加）→円安・ドル高
金利	**フェーズ1＞金融商品** 国内金利の一段上昇→国内金融商品の有利性上昇→日本の金融商品の有利性が増大→内外の投資家が海外から資産を引き上げ、日本の金融商品で運用→その過程で為替売買が活発化（ドル売り・円買いの増加）→円高・ドル安の圧力へ **フェーズ2＞資本調達** 国内金利の一段上昇→国内での資金調達コストが上昇→日本との比較で米国での資金調達が相対的に有利に→日本企業による米国での資金調達が活発化→日本に持ち込んで使う際にドルを売り円買い→円高・ドル安へ	**金融商品** 国内金利の下落→国内金融商品の有利性後退→日本の金融商品の有利性が減少→内外の投資家が日本から資産を引き上げ、海外の金融商品で運用→その過程で為替売買が活発化（円売り・ドル買いの増加）→円安・ドル高圧力へ
株価	**フェーズ1＞** 日本株高→海外投資家の日本株買い、日本の投資家による米国株式売却・日本株買い→ドル売り・円買い→円高・ドル安 **フェーズ2＞** 日本株高→日本の金利上昇→日本の金利商品（債券など）に投資妙味→海外から資金流入→ドル売り・円買い→円高・ドル安	**フェーズ1＞** 日本株安→海外投資家の日本株売り、売却代金の日本からの流出、日本の投資家による日本株売却・米国株式買い→円売り・ドル買い→円安・ドル高 **フェーズ2＞** 日本株安→日本の金利低下→日本の金利妙味減退→日本の金利商品売却増加・米国への資金流出→円売り・ドル買い→円安・ドル高
物価	物価下落→購買力という物差しで見た場合の通貨価値の上昇（対内的な通貨価値の上昇）→対外的な通貨価値も上昇（するはず）→為替相場の上昇	物価急上昇→購買力という物差しで見た場合の通貨価値の下落が激しい（対内的な通貨価値の下落）→対外的な通貨価値も下落（するはず）→為替相場の下落

4章

What will happen if the yen weakens?

円ドル相場
だけで
為替を語るな

4-1 米ドルと その他の通貨は バラバラで動く

> 各国の通貨のレートは、それぞれの国の政治経済等の諸事情を現しているので、テンデばらばらに動く。米ドルもまた同じである

　米ドルだけを見ていても為替相場の全体はわからない。これが本章のテーマです。

　しかしここで「でも、米ドルが基軸通貨でしょ。だったら外貨の代表として、当面米ドルだけを見ていればいいんじゃないの？」と思われるかもしれません。

　さて、それではまず、データを見てみましょう。

　右ページのグラフは、円を中心に主要国の通貨の変動を示したものです。つまり、**主要通貨の円に対する相場推移**を示しています。

　誰の目にも明らかの通り、**多くの通貨がテンデばらばらな動きを示していますね。**

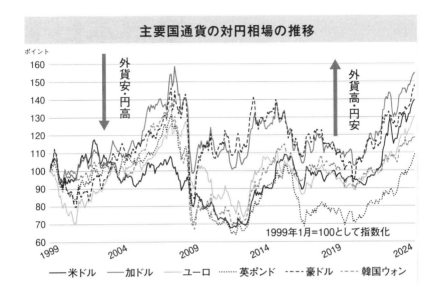

　2002年からの数年間は対ドルで見れば円高ですが、それ以外の多くの通貨に対しては円安です。最近だと2022年〜23年には対ドルでは急速に円安が進んでいるように見えますが、それ以外のユーロや韓国ウォンに対してはそれほど下げているわけではありません。

　2006年からの2年間で見てもドルに対しては円はそれほど下げていないように見えますが、そのほかの通貨に対しては大幅に下げていることが読み取れます。

　では次に、世界の基軸通貨である**米ドルを中心において、それ以外の通貨の米ドルに対する為替相場の動き**を振り返ってみればどうでしょうか？

それを示したものが、次の図表です。

これで見ても、やはり相当のぶれがありますね。

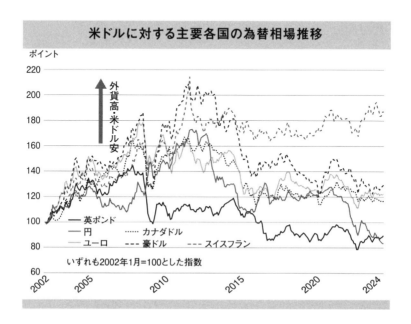

そう、この程度には、**主要各国の為替相場は相当異なった動きを示しているのです。**

でも考えてみれば、それは当然のことです。

各国の景気の強さ、弱さも違えば、それぞれの時期における政権の安定度も異なります。また、株式市況の調子も違いますし、金利の水準もテンデばらばらです。

このように、各国が抱える経済、金融、政治などの情勢が異なれ

ば、為替相場の動きも異なるのは当然でしょう。

　ということは、そのような複雑な動きをしている米ドルだけを尺度にして円高・円安と判断することは必ずしも正しくありません。つまり、「米ドルを尺度にすると円は高いけれど、ユーロに対しては下げた」とか「米ドル以外のすべての通貨に対しては上げたけれど、ドルに対しては下げた」なんてことが日常茶飯に起きているのです。

　言うまでもなく私たちは、貿易面でも旅行においても相手国は米国だけではありません。つまり、通貨についても米ドルだけを問題にしているだけでは済まないのですから。

米ドルとの関係が徐々に薄れてきている

　では観点を変えて、わが国の貿易相手国の顔ぶれがどのように変化してきたかを振り返っておくことにしましょう。

　次ページの図表は、わが国のおもな貿易相手国別に、その貿易額のシェアの推移を示したものです。いくつかの傾向が読み取れるのですが、ここでまず気づいていただきたいことは**「米ドル」との関係が徐々に薄れてきている**ということです。

日本の貿易相手国のシェア変化を見る

1995年	
米国	25.0%
中国	10%
台湾	6.3%
韓国	6.0%
ドイツ	3.8%
香港	3.4%
マレーシア	3.3%
シンガポール	3.2%
タイ	2.8%
インドネシア	2.8%
アジア	41.4%
ASEAN	14.9%
EU	4.6%
中国＋香港	13.3%

→

2022年	
中国	20.2%
米国	13.9%
オーストラリア	6.4%
台湾	5.5%
韓国	5.3%
タイ	3.6%
アラブ首長国連邦	3.3%
サウジアラビア	2.9%
ベトナム	2.7%
インドネシア	2.7%
アジア	50.2%
ASEAN	15.3%
EU	9.6%
中国＋香港	22.3%

　いまから30年前の1995年には、わが国からの輸出相手国全体に占める米国の割合は25％であったのに対して、2022年にはそのシェアは14％です。

　つまり、**貿易面で見ても為替相場は対米ドルだけで認識していればこと足れり、という時代ではなくなってきた**のです。

4-2 対スイスフランを尺度に各通貨の強弱感を見る方法も

> 世界各国の通貨の相対的な価値は、スイスフランによって相対的に測ることができる。スイスフランは、きわめて安定的な通貨と目されている

　以上のように、世界各国の通貨の相対的な価値（つまり為替相場）の動きの全体像を理解することはとても困難です。
　aはhよりも強く、hはyよりも弱く、yはcを上回って動いており、cはgよりも強い、というように5つも10もの要素の関係が個々に示されたとしても、その全貌をイメージすることは、まず無理です。年がら年中、そのテーマについて考え続けている人を別にすれば…

　しかし、こうしたテーマをよりよく理解するために、いくつかの方法があるのです。

　その1つが、**ある特定の通貨を基準にして他の通貨の相対的な強さ、弱さを測る方法**です。

さて、その通貨として、最も適切なのは何でしょうか。

多分多くの方は「そりゃ、世界の基軸通貨である米ドルでしょ」と反応されるのではないでしょうか。たしかに、米ドルは基軸通貨です。

つまり、国際的なレベルで各国が貿易を行ったりする場合の決済通貨として最も頻繁に用いられるのが米ドルです。

「決済通貨として使われる」ということは、言い換えれば「誰もが信用している」「どこへ持っていっても通貨として通用する」ということです。

アジア各国へ行こうが、アフリカ、南米へ旅行しようが、多くの地域で英語が何とか通じるのと同じように、たいていは米ドルで買い物ができます。

しかし、「ある特定の通貨を基準にして世界各国の通貨の強弱感を測る」ときには、スイスフランがよく利用されます。

スイスフランは、スイスが永世中立国であることや、財産の機密性が保障されることなどから、きわめて安定的な通貨だと目されています。いわば世界各国の通貨の相対的な価値を知るためのメジャーだと見られているのです。

スイスフランから見た世界の通貨

スイスフラン

ではこのスイスフランを軸におけば、主要通貨の動きはどのように示すことができるでしょうか。これを示したのが次の図です。

この図を見ると、とても面白いことに気づきます。

　まず、2000年後半から2008年にかけ、円と米ドルがとてもよく似た動きを示していることです。とともに米ドル、円ともにスイスフランだけに対してではなく、それ以外の通貨に対してもほぼ下落傾向を辿ってきたことがわかります。

　また、2003年ごろから2008年にかけては米ドル、円以外のカナダドル、豪ドルの上昇が著しいことが特記されます。この主な理由は、この頃から中国が一気に工業化社会に突入、これにやや遅れる格好でインド、ロシア、ブラジルといった新興国が著しい成長を示したことから、原油、鉄鉱石などの原材料、一次産品価格が急激に上昇し始めたためです。

　カナダ、オーストラリアと言えば、いずれも先進国の中では数少ない資源が豊富な国です。資源価格が上昇すれば、貿易黒字拡大を伴いながら、自国通貨が上がるのはごく自然な流れでした。

しかし、2007年から表面化し始めた米国発のサブプライム問題が、2008年の9月には米大手投資銀行であったリーマンブラザーズ社の破綻という事態を引き起こすに至ります。ここから連鎖的に先進各国に金融危機が訪れたのですが、これからしばらくは、世界景気の急落・破綻懸念からこうした資源国通貨が暴落したことをグラフはよく示しています。

　とともに、ここで注目してほしいのは、**2008年から数年間、米ドルと日本円の関係が一気に切れた**ことです。円が急激に強くなったのです。これは「**世界が不安になれば円高になる**」というセオリーそのままです。そして2011年には1ドル＝75円という円の対ドル相場の最高値を付けたのです。

　2013年には、円は一気に下げて米ドルに沿う水準にまで修正されています。つまり、2008年からのあまりにも急激な円高が、ここで一気に修正されたとみることもできるのです。

　その後2021年までは、米ドルと円はほぼ同じように動くのですが、2022年からは円がドルから離れて下方に推移しています。この時期は、世界的インフレを受け米国の金利が一気に上昇したのに日本は引き続き超低金利を続けていたために円安が進んだのです。

　このグラフは、2000年初めを100とした指数として示しておきましたが、この主要6通貨の中でも、**2024年までには円が一番下げた**ことがよくわかります。つまり**円は、ドルに対して下げて1990年以来の円安になっただけではなく、ほかの多くの通貨に対しても最も大きく下げてきた**ことがわかるのです。

column

国際収支

　日本が海外諸国との間で一定期間に行ったあらゆる経済取引を、体系的に分類、集計したものが国際収支です。これにより、わが国が海外諸国とどのように経済取引を行っているかを総合的に見ることができます。データは、財務省の委任を受けて日本銀行が毎月作成し、財務省、日銀から同時に発表されます。

　国際収支は、対象となる取引の内容から3つに大別できます。1つは経常収支（①～④）で、物資、財、サービスの取引状況を示すものです。今、国際収支統計で最も注目されているのがこれ。その中の貿易収支は一次産品などの原材料のほかあらゆる製品などの輸出入の状況を示すもので、わが国が全体として海外にモノを売って経済を成り立たせているのか、それとも買う量の方が多いのか等を示します。

　例えば、私たちが海外旅行で航空運賃を支払うと、サービス収支の赤字としてカウントされます。また、海外から原油を輸入するために外国の貨物船、タンカーを使えば、当然、輸送運賃は海外に支払うので、これもサービス収支の赤字です。

　これまでわが国の貿易収支は長期にわたって黒字を続け、サービス収支だけが赤字傾向でしたが、最近では国内産業の対外競争力の鈍化、原油価格の高騰などにより、貿易収支も赤字に転じることが多くなってきました。

　経常収支の中で、最近注目されているのが、日本企業が海外に持つ工場や有価証券から得られる利益、配当、利子などの収支尻からなる第一次所得収支です。もちろん逆に海外企業が日本国に保有する工場などから得

column

る配当等はマイナスに計上されます。

多くの日本のメーカーなどが海外に進出したため、この第一次所得収支が大幅なプラスになっており、貿易収支の悪化を埋め合わせる規模にまで膨れあがってきたのです。

一方、金融収支は、直接投資、証券投資などの合計です。例えば日本の企業が海外に対して行う対外直接投資や海外の債券・株式を取得する対外証券投資や海外の企業が日本に対して行う対内直接投資がここに含まれます。

以上述べた経常収支、金融収支などを合計するとゼロになるように統計は作成されています。

国際収支表の構造

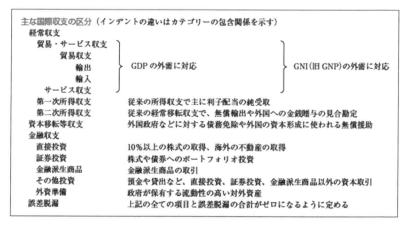

出所：日本経済研究センター・深尾光洋氏作成

4-3 実効為替レートで円相場の動きを見よう（1）

> 通貨の強さを総合的に示す指標が実効為替レートである。複数通貨との間の円の変動を現すので、対米ドルのみで強弱をはかるより、より総合的な評価を示すといえる

　前項では、スイスフランという特定の通貨を軸において、それ以外の国の通貨の強弱感を見る方法を説明しました。
　では、わが国の通貨である**円の強さ、弱さを総合的に示す指標**はないでしょうか。これを可能にするのが、ここで説明しようとする**「実効為替レート」**です。

　実効為替レートとは、複数通貨との間における自国通貨の変動を各貿易相手国、地域との貿易金額に応じて加重した上で算出される為替レートです。

　これは、わが国の円の価値を総合的に把握するために、人為的に算出される合成為替レートなのです。

> **Thinking Time!**
> たとえば米国との貿易金額（輸出入総額ベース）が全体に占める比率が25％で、イギリスとのそれが3％だとします。
> このとき、過去1年の間に円の対米ドル相場が1ドル＝110円から100円へと10％程度上がったとしましょう。一方、同じ期間内に円の対英ポンド相場が1ポンド＝200円から250円へと25％程度下がったとします。
> さて、この2国だけを取り出した場合、円相場は「上がった」か「下がったか」をどう判断すればいいのでしょうか。

まず言えることは、「プラス10％」と「マイナス25％」だからこれを単純に足し合わせて「マイナス15％」という答えは現実的ではないということ。

理由は簡単です。輸出入活動を日常的に行っているわが国の企業にとっても、間接的に物価の値上がり、値下がりを通じて為替相場の影響を日常的に受けている個人にとっても、**円の対英ポンド相場との関係よりも、円の対米ドルとの関係のほうが、はるかに大きな意味を持つからです。**

この場合は、以下のように考えるのが合理的であると思われます。つまり、貿易金額で加重して全体の変化率を計算するのです。

別掲式の通り、この2カ国のことだけを考えた場合には「日本円は6.25％高くなった」と考えられるのです。これが実効為替レートの考え方です。

$$\frac{(\text{Aの変化率} \times \text{Aのシェア}) + (\text{Bの変化率} \times \text{Bのシェア})}{\text{Aのシェア} + \text{Bのシェア}}$$

$$= \frac{\{+10\% \times 25(\%)\} + \{-25\% \times 3(\%)\}}{25(\%) + 3(\%)}$$

$$= +6.25(\%)$$

わが国で代表的な実効為替レートは、日本銀行が毎日算出しているものです（インターネット上で公開されているほか、日経新聞のマーケットデータ面にも掲載されています）。これは、輸出入金額のシェアに応じて加重平均するという考え方がとられています。

具体的には、輸出金額基準で全体の1％以上のシェアを持っている15通貨を対象にして、以上のような計算式で算出されます。ちなみに、2020年平均の輸出入金額を基準にした輸出ウェイトを以下に示しておきます。

ちなみに、この実効為替レートは数値が大きいほど通貨高を示すことには注意が必要です。

日本の貿易ウェイト

国・地域名	輸出ウェイト
中　　　　国	31.90%
ア メ リ カ	16.02%
ユーロエリア	12.98%
韓　　　　国	5.96%
台　　　　湾	4.63%

国・地域名	輸出ウェイト
タ　　　　イ	3.68%
シンガポール	2.52%
インドネシア	2.14%
マレーシア	2.06%
そ　の　他	18.11%

出所：BIS

4-4 実効為替レートで円相場の動きを見よう（2）

> そう変わらないようにも見える実効為替レートと円ドル相場だが、細かく見ると乖離する時期もある。ドルとだけでなく世界の通貨と照らし合わせる実効為替レートは重要だ

実効為替レートと円ドル相場の関係

　ではこの実効為替レートの過去からの推移は、私たちが一般に見てきた、円ドル相場の推移と、どのように違うのでしょうか？
　まずは、相当長期にわたって実効為替レートと円ドル相場を並べてみました。

　長期で見ると、それほど大きな違いはないように見えます。

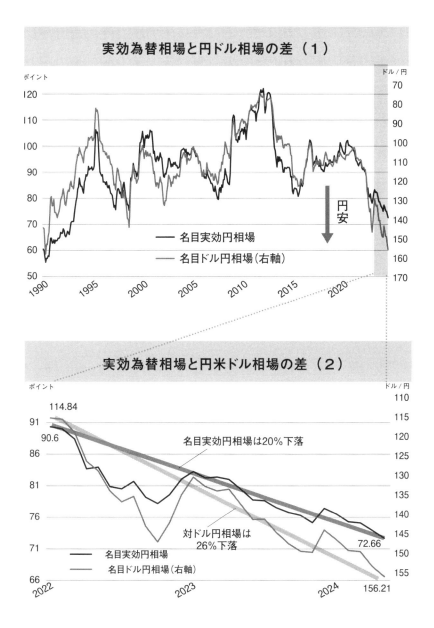

ではこれを一部拡大して最近の例で見ると、2022年初から2024年までに、円の実効為替レートは20％の下落にとどまっていたのに、通常私たちが使っている名目ドル円相場でみると円は26％も下落していたのです。
　これはいったい何を意味するのでしょうか？

　そう。**円は、米ドル以外の通貨に対してはせいぜい10％台程度の下落にとどまっていた**ことを示しているのです。
　つまり、米ドル為替相場は、ほかの多くの通貨の中でも比較的堅調に推移していたわけです。

　各国の通貨は互いにとても複雑な動きを繰り返しています。だから、「円はドルに対しては強かったが対ユーロでは下落」とか「英ポンドとユーロに対して下げたが、豪州ドルに対しては上がった」といった動きを示すのは日常茶飯事です。こんなときに、**円の通貨価値を米ドルとの対比でだけ判断するなんて、とてもおかしい**ことがおわかりいただけると思うのです。

さては実質実効為替レートとは

> 現実に輸出入業務に従事する企業からみると、各国円レートよりインフレ率を加味した実質実効円レートのほうが、重要な指標である。

　前項ではドル円為替レートだけではなく、円の実力を総合的に見るためには「実効為替レート」が有効であることを述べました。ここでとどまるのはちょっと残念なので、より実質的かつ総合的な円の価値を示す指標として、もう一歩進んで「実質実効為替レート」の考え方をご紹介しておくことにします。

　実質という考え方によると、今まで見えてこなかったいろいろなことが発見できるのです。では「実質」とはなにか？

　これは、別掲図をごらんいただくと理解しやすいと思います。上半分から1年後に下半分に状況が変わったと考えてください。この間に、ドル円相場は1ドル＝100円でまったく変わっていません。ではこのとき、トヨタ自動車にとっての輸出採算（輸出に伴う損得の勘定）には変化がなかったでしょうか？

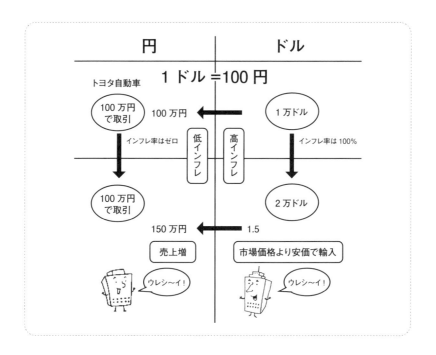

ここは大事なところなので、丁寧に言っておきます。

日本での車の値段が100万円、米国で同じ車が1万ドルのときに、トヨタは自動車を1万ドルで輸出して100万円の売上代金を得ます。これは、国内で100万円でこの自動車を売ったのと同じことです（上半分）。

これに対して1年後には、米国でこのクラスの自動車は2万ドルで取引されています。つまり、米国では一気にインフレが進んだのです。一方、日本での価格は100万円で変わっていません。

この場合、トヨタはこの同じ車を1万5000ドルで売ったとしても、米国の業者は「割安な価格で輸入できるようになった」と考えるはずです。「同じ性能、クラスの車だと米国市場では2万ドルな

のにトヨタからは1万5000ドルで買えるのだから、こちらの方が割安だ」と考えます。さらには、トヨタも1万5000ドルで輸出するのに伴い、150万円を受け入れることになります。

　つまり、**米国の輸出先は「実質的に値段が下がったと喜んでくれ」**、一方トヨタにとってみれば**「円ベースで見た売上代金も一気に増える」で、万々歳**なのです。輸出に伴う採算が一挙に好転したわけです。これはひとえに、日本のインフレ率と米国のインフレ率が違ったことによるものです。

　為替レートのほかに、**インフレ率の差も貿易にはとても大きな影響を与える**ことがわかります。2国間の名目上の為替レートが一切変化しなくても、物価上昇率が低い国から高い国への輸出採算は好転、価格面での競争力は高くなるのです。

輸出企業にとっては実質実効円レートのほうが重要！

　であるなら、名目上の為替レートだけではなく、2国間の物価上昇率の差を加味して合成レートを算出、これを輸出企業の採算を計る上での有力な指標として用いたほうがいい、ということになります。これが「**実質実効為替レート**」と呼ばれるものなのです。

　つまり、名目為替レートが変わらなくても輸出相手国のインフレ率のほうが高ければ「輸出国のインフレ率－自国のインフレ率」分だけ、実質的には自国通貨安（以上だと円安）が進んだとみなせるのです。少なくともこの実質実効為替レートのほうが、輸出企業の

採算をみるうえでは適切であることはおわかりでしょう。

現在よく知られているのは、日本銀行が毎月発表している「**実質実効円レート指数**」です。前項で説明した「実効」という要素に、ここで述べた「実質」という考え方を加味して算出されたものが、日本銀行発表の「実質実効為替レート指数」なのです。

グラフは過去30数年にわたる名目ドル円相場と円の実質実効為替レート指数を対比させて描いたものです。時期によっては、相当その動きが違うことがわかります。ドル円レートは2000年代初めの140円前後から2011年の80円台へと急速に円高が進んでいます。しかし、同じ時期の円の総合的な価値を示す実質実効レートはほとんど変化していないのです。

あるいは、2020年ごろから急速に進んだ円安にしても、名目ドル円相場ほどには実質実効為替レートの下落率は大きくありません。

5章

What will happen if the yen weakens?

為替データを読みこなす

5-1 外国為替関連のデータを読む

> 為替相場は多かれ少なかれ、ほぼすべての企業に影響を与える。それを知るには、データを読みこなすことが先決だ。日本経済新聞の紙面からの読み解き方を解説する

　すでに、為替相場をめぐるさまざまなメカニズムを通じて説明してきたとおり、為替は貿易ならびに国境を越えて行われる株式、債券などの売り買いに重大な影響を及ぼします。さらには、国内物価の動きにも非常に強い影響力を与えるのが外国為替相場です。

　とくに最近では、為替相場の影響を受けない企業などほとんどないくらい、個々の企業経営のレベルでも、為替の動きが重要な意味を持ちます。

　輸出企業は、円高の進行にともなって生産拠点を海外に移転することや、原材料の海外輸入比率を高めるといった対応が必要になってきます。輸入型企業の場合でも、各国通貨ごとの動きいかんでは、輸入先の国別シェアを変えていくといった戦略が要求されます。

　どんな会社でも、為替相場の影響を受けないセクション（部課）を探すほうが難しいくらいです。

財務関連部署では外貨建ての資産を持っていたり、外貨での資金調達を行っていたりするでしょうし、資材仕入れ部関連では各国通貨別の為替相場の動きにより、原材料の輸入先を変える可能性をにらみながら業務を行っているはず。あるいは年1回の社員旅行の行き先を決めるのに、為替相場の動きを参考にする人事厚生部門もあるでしょう。

　では、こうした為替相場にからんだ戦略を練るために必要な**外国為替市場関連のデータは、どのようにチェックしていればいいのでしょうか。**

　多くの新聞、ビジネス系雑誌などでは、株価などの情報と並んで為替関連の具体的なデータを必ずといっていいほど取り上げています。あるいは、各種インターネットの無料情報サービスでも、株価、金利、商品市況などと並んで為替関連データについては、とても充実した情報提供が行われています。

　しかし、やはり誰でも手軽に入手できて、どんな機器も必要としないという条件だと、**日本経済新聞が一番利用しやすい情報源だと思います。**したがって本書では以下、日本経済新聞の現実の紙面に即して、為替関連情報の基本的な読み方について、ひとわたり説明します。

5-2 銀行間での直物(じきもの)為替相場を読む

> 銀行間で通貨の交換を行なう際につく相場が銀行間相場。このうち直物相場とは、翌々日受け渡しで取引されるもの。各通貨の交換レートで各通貨の強弱が表現される

　外国為替相場に関する、最も基本的であり、かつ容易に手に入る情報は、**東京外為市場における円相場**です。

　テレビや新聞市場などで円相場の動きが報道される場合には、とくに注釈が付かないかぎり、**東京市場での円の対ドル相場を指す**のが一般的です。

　市場とはいうものの、証券取引所のような物理的な取引所＝市場があるわけではなく、実際には電話回線や電子ネットを通じて金融機関の間で売買されています。テレホンマーケットといわれるゆえんです。

　前日の東京外為市場での円相場は、日本経済新聞では右のような形で掲示します。寄付（その日初めてついた相場）から終値までの間の動きが、その日の**4本値（寄付値、高値、安値、終値）**に加えてその日のうちに**最も取引が多かった中心値**が示されます。

```
外為市場　（19日）                          ◇対顧客米ドル先物相場
◇円相場                                        （三菱ＵＦＪ銀、円）
 （銀行間直物、1ドル=円、売買高は前日、                   売り      買い
  終値は17時、寄付は9時00分時点、日銀）        8月渡   148.93    146.68
                前日                          9月〃   148.64    146.00
 終値  146.08―146.10   149.03―149.05       10月〃   148.02    145.35
 寄付  147.96―147.98   149.23―149.25       11月〃   147.39    144.77
 高値  145.20           148.75              12月〃   146.78    144.16
 安値  148.04           149.27               1月〃   146.11    143.53
 中心  147.86           148.95            ◇外為　対顧客電信売相場
 直物売買高        45億4500万ドル          ▽三菱ＵＦＪ銀（円）
 スワップ売買高    307億4700万ドル                              前日
◇名目実効為替レート指数                        米ドル      148.93   150.13
 日銀（1999年1月=100、前日分）                ユーロ      164.65   165.14
   日本円                           80.78   カナダドル   109.82   110.21
 日経インデックス（2020年=100）                英ポンド    195.47   195.83
   日本円                           75.5    スイスフラン 171.52   171.92
   米ドル                          103.5    デンマーククローネ 22.17 22.23
   ユーロ                          101.6    ノルウェークローネ 14.13 14.18
◇主要通貨の対円レート                          スウェーデンクローナ 14.58 14.55
         （17時、東京金融取引所・ＦＸ）        豪ドル      100.85   100.65
 英ポンド/円   1ポンド=189.47―189.52         ニュージーランドドル 91.65 91.31
 豪ドル/円     1豪ドル=97.765―97.800         香港ドル    19.41    19.56
 スイスフラン/円 1スイスフラン=169.15―169.20円 シンガポールドル 113.35 113.67
 カナダドル/円 1カナダドル=106.89―106.93円    サウジアラビアリヤル 40.30 40.61
 ＮＺドル/円   1ＮＺドル=88.74―88.79円        Ｕ.Ａ.Ｅ.ディルハム 41.02 41.35
◇主要通貨の対ドルレート                        タイバーツ   4.37    4.34
         （17時、カッコ内は前日終値）          インドルピー 1.92    1.94
 英ポンド           1.2962―1.2966           パキスタンルピー 0.68   0.69
  （1ポンド=ドル）  （1.2879―1.2883）       クウェートディナール 491.43 496.15
 スイスフラン       0.8636―0.8640           カタールリヤル 41.31  41.64
  （1ドル=スイスフラン）（0.8696―0.8700）    インドネシア100ルピア 1.07 1.07
 豪ドル             0.6688―0.6692           メキシコペソ 8.94    9.00
  （1豪ドル=ドル）  （0.6631―0.6635）        韓国100ウォン 11.21   11.17
◇上海市場=中国人民元                           フィリピンペソ 2.74   2.78
 （銀行間取引、17時30分現在、カッコ内は前日）   南アフリカランド 9.78  9.78
 米ドル（1ドル=元）   7.1383 （7.1680）       チェココルナ  6.60   6.61
 日本円（100円=元）   4.8843 （4.8183）       ロシアループル 1.90   1.93
                                              ハンガリーフォリント 0.43 0.43
                                              ポーランドズロチ 39.42 39.39
                                             ▽みずほ銀
                                              中国人民元   20.95   21.06
                                              トルコリラ   6.19    6.24
                                              台湾ドル（参考値） 4.60 4.60
                                             ▽ブラジル銀
                                              ブラジルレアル 27.56 28.20
```

日本経済新聞　2024年8月20日夕刊

　ここで言う『高安』は、すべて円を基準に表現されています。

　たとえばここに掲載した表では高値が1ドル=145円20銭で、安値が148円04銭というわけです。

- **終値**…その日、東京外国為替市場が終了する時点での為替レート。ただしここでは午後5時段階での為替レートを便宜上、終値と称しています。
- **寄付**…その日、東京外国為替市場が開いたときの為替レート。午前9時段階での為替レートが、寄付です。

- **高値**…円を基準に見た高値のこと。つまりその日の取引のなかで、最も円高が進んだピーク時の為替レートです。
- **安値**…高値とは逆に、その日の取引のなかで最も円安が進んだ時点の為替レートです。
- **中心**…その日の外国為替取引を通じて、最も取引高の多かった為替相場の水準を指します。

なお、終値と寄付については、数字が2つあることにお気付きのことと思います。たとえば終値であれば「146.08 － 146.10」というようにです。

これはレートを提示している**銀行側から見た1ドルあたりの買い値と売り値**を表しており、午後5時の時点で「1ドル＝146円08銭だったら1ドルを買いますよ。1ドル＝146円10銭で1ドルを売りますよ」という意味です。

また東京外為の欄には、新聞発行日の前の日の取引レートに加え、さらにその**前日のレート**も掲載されており、その間の推移がわかります。

終値を基準に見ると、「149.03 － 149.05」から「146.08 － 146.10」まで一気に円高が進行していることが、わかります。

為替は銀行間の売買相場が基準

「銀行間直物」とあるように、ここで示されている為替相場は、いずれも銀行間で取引されている直物相場(インターバンクレート)です。これについては、再度、多少説明が必要かもしれません。

まず銀行間での取引ですが、1章でご説明したとおり、為替の売買は、銀行間で行なわれる相場が基準になります。たとえば、商社や輸出メーカーが銀行との間で通貨の売買を行ないますが、ここで使われる為替レートは、銀行間で行なわれている為替レートを基準にして決めるのです。

銀行間での為替売買は卸売価格に当たるものであり、個人や企業が銀行との間で行なう為替売買は小売価格に当たります。銀行間での相場を基準にして、これから一定の手数料相当分を差し引かれた為替レートで個人や企業との間で為替売買が行なわれるわけです。

次に直物というのは『先物』に対する用語です。次ページ以降で詳しく説明しますが、外国為替の世界では古くから、3カ月先、6カ月先といった先付けで通貨の受け渡しが行なわれる先物取引が広く行なわれています。

これに対して、約定(契約の締結)を行なってから原則として翌々日に実際の通貨の交換が行なわれるものを直物(取引)と呼びます。

5-3 対顧客直物相場を読む

> 金融機関が企業、個人などの顧客との間で為替売買を行なう（為替の売買注文に応じる）に際して基準になる相場を対顧客為替相場という。銀行間直物相場を基準にして決められる。

　前項までで見てきた外為相場は、いずれも銀行間での取引で付けられた相場です。

　しかし、外国為替取引は、銀行間でのみ行なわれているわけではありません。

　企業が輸出に伴ってドルを受け入れた場合、これを国内で使うには円に換える必要がありますが、このためにはドルを売って円を買わなければなりません。あるいは直物ではなく、先付けで輸出予約や輸入予約を行なう**為替先物予約**も、企業によって頻繁に利用されています。

　あるいは、子どもを米国留学に出している場合、送金するに際しては円をドルに換えて、ドルを送ることになりますが、このときには円を売ってドルを買う必要があります。

このように、**企業や個人が銀行との間で円⇔ドルの売り、買いを行なうに際して適用される相場を、対顧客向け為替相場と呼びます。**

もちろん「対顧客」とは、銀行から見ての表現です。

外国為替取引の注文は、一般に金融機関へ持ち込みますが、左表は、銀行が一般の顧客向けに、円と各種外貨をどのようなレートで交換してくれるかを示したものです。

ここでは「売相場」とありますが、ここでいう「売」とは、銀行から見て「外貨を売る」という意味です。

ちなみに金融に携わるプロは「売り相場」のことをTTS（ティーティーセリング）などと言いますが、これは「テレグラフィック　トランスファー　セリング」の略です。

◇外為 対顧客電信売相場

▽三菱ＵＦＪ銀（円）		前日
米ドル	148.93	150.13
ユーロ	164.65	165.14
カナダドル	109.82	110.21
英ポンド	195.47	195.83
スイスフラン	171.52	171.92
デンマーククローネ	22.17	22.23
ノルウェークローネ	14.13	14.18
スウェーデンクローナ	14.58	14.55
豪ドル	100.85	100.65
ニュージーランドドル	91.65	91.31
香港ドル	19.41	19.56
シンガポールドル	113.35	113.67
サウジアラビアリヤル	40.30	40.61
Ｕ.Ａ.Ｅ.ディルハム	41.02	41.35
タイバーツ	4.37	4.34
インドルピー	1.92	1.94
パキスタンルピー	0.68	0.69
クウェートディナール	491.43	496.15
カタールリヤル	41.31	41.64
インドネシア100ルピア	1.07	1.07
メキシコペソ	8.94	9.00
韓国100ウォン	11.21	11.17
フィリピンペソ	2.74	2.78
南アフリカランド	9.78	9.78
チェココルナ	6.60	6.61
ロシアルーブル	1.90	1.93
ハンガリーフォリント	0.43	0.43
ポーランドズロチ	39.42	39.39
▽みずほ銀		
中国人民元	20.95	21.06
トルコリラ	6.19	6.24
台湾ドル（参考値）	4.60	4.60
▽ブラジル銀		
ブラジルレアル	27.56	28.20

日本経済新聞　2024年8月20日夕刊

したがって、この表中たとえば「米ドル148.93」とあるのは、私たちが海外送金や外貨預金などに預け入れるため円をドルに換えようとした場合、148円93銭の円を1ドルに換えることができることを意味しています。

逆にドルを円に換える場合には、ここにある「売相場」ではなく「買相場」（TTB＝ティーティーバイイング）が適用されます。多くの銀行では、この買相場については米ドルの場合、売相場より2円相当下（円高・ドル安）の水準に設定しますので、この日の米ドルで146円93銭ということになります（45ページ参照）。

　これらの対顧客相場は、銀行間相場を基準に、銀行が手数料相当分を上乗せする形で決められています。その手数料分は、各通貨によって異なります。
　なお、多くの銀行では、このように公表されている「対顧客相場」がほぼ機械的に適用されるのは、米ドルに換算して10万ドル以下の金額としており（したがって日本円では1400数十万円程度）、それ以上の金額になると、銀行との間での交渉によって交換レートが決められるのが普通です。

column

通貨によって全く異なる為替コスト

　序章では為替レートにはいくつかの種類があることを説明したほか、前項では銀行が一般顧客に対して外貨を売る時の相場（TTS）について説明しました。

　ただ、このTTS（顧客向け売り相場）の数表だけでは見えてこないけれど、とても重要なことがあります。

　それは通貨により、銀行が提示する**売り買いのレートの差（スプレッド）が大きく異なる**ことです。

　米ドルの場合は多くの銀行は1ドルにつき売りと買いとでは、2円の差を設定しています。

　しかし、たとえばユーロだと私たちが円からユーロへ換えるときのレートと、ユーロを円に換えるときのレートとは3円の開きがあるのが一般的です。

　それ以外の通貨については表に見る通りです。ちょっとびっくりなのは英ポンド。売り買いの差が8円もあります。

column

通貨名	T.T.S.	T.T.B.	スプレッド	コスト(%)
USD (米ドル)	155.13	153.13	2.00	1.3
GBP (イギリスポンド)	202.15	194.15	8.00	4.0
CAD (カナダドル)	113.12	109.92	3.20	2.8
CHF (スイスフラン)	175.73	173.93	1.80	1.0
EUR (ユーロ)	168.78	165.78	3.00	1.8
DKK (デンマーク・クローネ)	22.71	22.11	0.60	2.6
THB (タイ・バーツ)	4.34	4.18	0.16	3.7
AUD (オーストラリアドル)	102.88	98.88	4.00	3.9
HKD (香港ドル)	20.17	19.31	0.86	4.3
CNY (中国元) (*)	21.56	20.96	0.60	2.8
KRW (韓国ウォン) (*)	11.34	10.94	0.40	3.5
SGD (シンガポール・ドル)	115.56	113.90	1.66	1.4
NZD (ニュージーランド・ドル)	92.75	88.75	4.00	4.3
ZAR (南アフリカ・ランド)	9.89	6.89	3.00	30.3
TRY (トルコ・リラ)	7.17	2.17	5.00	69.7
RUB (ロシア・ルーブル)	2.07	1.57	0.50	24.2

ある日の外国為替相場一覧(スポットレート)

(*)KRW(韓国 ウォン)は100通貨単位あたりの相場

　なお、最近ではネット上でリアルタイムで為替の売買を行う際は、これとは異なるレートが適用されています。多くの銀行では以上のような店頭扱いでの取引レートは「スポットレート」と呼ぶのに対して、ネット上で行う為替売買に適用されるレートは「リアルタイムレート」と呼んでいます。

　もちろんリアルタイムレートのほうが小刻みにレートが設定されているほか、顧客にとってコストが軽くなるようなレート設定になっています。

5-4 対顧客先物相場を読む

> 為替市場において先付けで決済する取引に用いる為替相場。輸出入業者が外貨建ての決済資金を用意したり、先付けで手に入る外貨をあらかじめ円に換えておくといった目的のために利用する

　為替取引では、先物取引が非常に大きな意味を持ちます。

　前項で触れたように、契約を行なってからすぐに通貨の受け渡しが行なわれるものを**直物取引**（じきもの）と呼びますが、これ以外に、3カ月先あるいは6カ月先といった先付けで実際に通貨の受け渡しを行なう**先物取引**（さきもの）があるのです。

　先物取引は、いったん先付けでの通貨の売買を契約してしまうと、その後、受け渡しの時点で実際の為替レートがどれだけ変動していようと全く関係なく、契約通りの条件で通貨が交換されます。

　これは、先物取引の一種である商品先物や国債先物、株価指数先物取引等と全く同じ理屈です。

先物取引のメリット・デメリット

先物取引は輸入業者が先行きドルで輸入代金を支払うのに備えて、その支払い時期に合わせて、手持ちの円を売ってドルに交換しておいたり、輸出業者が先行き受け入れることが確定しているドルを円に換える相場をあらかじめ決めておくために利用されます。

こうした為替売買をあらかじめ行なっておかなければ、為替相場の変動によって不測の損害を被る可能性があるからです。つまり、リスクヘッジのために使われるケースが多いのです。

たとえば3カ月先に100万ドルの輸入代金の支払い決済を行わなければならない企業にとってみれば、現在1ドル＝100円の為替相場（直物相場）が決済時に1ドル120円になっていれば、より多額の円資金を用意しなければなりません。

この場合、現時点でついている3カ月先物相場（たとえば99円85銭というように100円近辺）であらかじめ100万ドルの米ドルを買っておくのです。

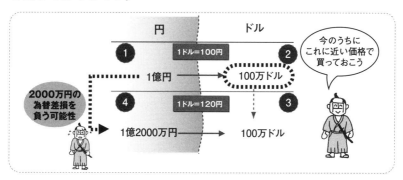

そうすれば、実際に3カ月後になって為替相場がどれだけ円安に振れていようと関係なく、当初の約束通りの1ドル＝99円85銭のレートで100万ドルを手にすることができるのです。

　これが**輸入予約**とよばれるものです。輸入業者によって利用されるドルの買い予約、といった程度の意味です。ドルを買うのですからドル高・円安要因となります。
　逆に、先付けで手に入れることが決まっているドルなどの輸出代金をあらかじめ先物取引で円に換えておくというのが**輸出予約**です。これは輸入予約とは逆に、**先物でドルを売り円を買っておくわけですから、円高要因です**。もちろん直物為替相場は先物為替相場からの影響も受けますので、直物為替相場についても円高方向に影響を与えます。

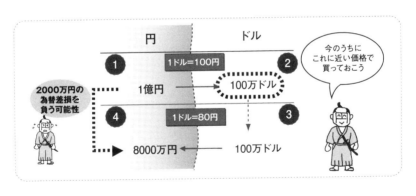

　ただ最近では、貿易代金の決済に合わせて為替先物取引が利用されるだけにはとどまりません。
　輸出代金（外貨）を受け取る時期に合わせて先付けで機械的に円を手当て（購入）しておくだけではなく、その時々で最も有利な円

の手当てができる時期を見計らって先付けで先物予約をとるということも行なわれます。輸出予約の場合にはできるだけ円安・外貨高になった時点で外貨を円に換え、輸入予約の場合は逆に円高・外貨安になった時点で手持ちの円貨を外貨に換えるというようにです。

対顧客先物相場の読み方

銀行が企業など顧客向けに先物為替を売買する相場は、**対顧客先物相場**として示されます。

銀行間取引と同じように、対顧客取引でも、**先付けでの売買契約をあらかじめ行なっておく**という先物取引がそれです。これに適用される相場を、対顧客先物相場と呼びます。これを示したのが記事です。

◇対顧客米ドル先物相場
（三菱ＵＦＪ銀、円）

	売り	買い
8月渡	148.93	146.68
9月〃	148.64	146.00
10月〃	148.02	145.35
11月〃	147.39	144.77
12月〃	146.78	144.16
1月〃	146.11	143.53

日本経済新聞　2024年8月20日朝刊

ここでいう売り、買いという用語は銀行から見た外貨の売り、買いという意味です（これはこの種の為替、金融記事および数表の類についても同様）。

たとえば、10月渡しでのドルの売り相場は148円02銭とありますが、これは10月1日から31日までの間に決済（通貨の受け払い＝円をドルに換える）を行なうときに適用される先物相場という意味です。

なお、いったん立てられた顧客向け相場であっても、銀行間の相場が大きく変動した場合には、当日中に変更されることがあります。

5-5 時系列で為替相場を読む

> 外国為替取引は24時間中どこかの国の市場を舞台に行なわれている。ということはグローバルな立場から見ると、1つの流れである。これを示したものが主要外国為替の表

　1章でお話ししたとおり、外貨の売買は、株式や債券とは違い、取引対象となる通貨は、特定の市場で上場されている銘柄に限定されるわけではありません。

　このため、各国の外国為替市場は、開場している時間帯が異なるだけで当事者として取引に参加できる銀行は、内外を問わずほとんど重複しており、いわば同じ市場であるといってもいいほどの、きわめて密接な関係を持っています。

　どこの市場での取引が他の市場での取引に一方的に影響を与えるということではなく、時間の流れのなかで互いに影響し合っていると考えたほうがよいでしょう。

　このため、外為相場を動かす要因（材料）が出現した場合には、そのときに市場が開いている国の市場がまずその材料を相場に織り

込み、次に開く市場に受け継がれていくことになります。

　したがって、為替相場の動きを注意深く見るためには、東京外為市場における相場推移だけではなく、東京市場と相前後して開く各国市場の動きを時系列的な見方で追っていくことも可能です。

海外為替の読み方

　日本経済新聞紙の夕刊では、前日のロンドン、前日のニューヨーク市場での為替相場の動きが掲載されます。

　下表はこれを示したものです。

海外為替	（19日、対米ドル相場）	
◇ニューヨーク		前日
日本円	146.55—146.65	147.60
ユーロ（＝米ドル）	1.1080—1.1090	1.1030
英ポンド（＝米ドル）	1.2985—1.2995	1.2940
スイスフラン	0.8625—0.8635	0.8660
カナダドル	1.3630—1.3640	1.3680
◇ロンドン		前日
日本円	146.30—146.40	148.05
ユーロ（＝米ドル）	1.1060—1.1070	1.0995
英ポンド（＝米ドル）	1.2980—1.2990	1.2885
スイスフラン	0.8630—0.8640	0.8685
◇SDR相場（IMF）	1.34126ドル	
	198.319円	

日本経済新聞　2024年8月20日夕刊

　東京市場で為替売買を行なうディーラーは、ロンドン、ニューヨーク市場の動きを受けたシドニー市場での為替レートの動きを見ながら、朝1番で為替の取引に参入することになるのです。

　なお、ここに示された相場も、売りと買いの二本建てとなっていますが、いずれも現地の主要銀行にとっての売り、買いの基準レートであり、その差が銀行にとっての手数料（相当分）になるわけです。

5-6 クロスレート表を読む

> 円と米ドルだけでない、2通貨の間の交換レートを示すのがクロスレートである。最近は、円を経由せずに外貨同士で交換されることも多くなってきた

　外国為替相場に関する各種情報を読んでいると、頻繁に「**クロスレート**」という用語にお目にかかります。

　これはクロス（横切る、掛け合わせる）ということでおわかりのとおり、わが国で用いられる場合は一般に、**米ドル以外の2通貨の間の交換レート**を表しています。「ユーロ・ポンド相場」とか「カナダドル・ニュージーランドドル相場」というようにです。

　このほか「クロス円」といった表現もあります。これはドル以外の外貨と円との取引で付いた為替相場のことを指します。

　ところで、日本経済新聞のデジタル版では「外国為替クロスレート」という表が掲載されています。これは、対顧客電信売相場（TTS）をベースに計算された、主要通貨間の交換レートです。原則として毎週末時点でのデータが基準になっています。

28日のクロスレート

通貨	¥	US $	EUR	C $	£	A $
日本円	100	0.6910	0.6203	0.930	0.52098	1.01701
米ドル	144.46	1	0.89650	1.3452	0.7556	1.4721
ユーロ	161.12	1.1151	1	1.4997	0.8426	1.6414
カナダドル	107.3800	0.7432	0.6663	1	0.5615	1.0942
英ポンド	191.12	1.3231	1.1863	1.7795	1	1.9480
豪ドル	98.12	0.6790	0.6089	0.9133	0.5130	1

※最左列に並ぶ通貨1単位が、最上段に示す通貨単位でいくらに相当するのかを示しています。例えば、1米ドルは日本円で144.46円です。ただし、日本円は100円あたりを表示しており、100円は0.6910ドルに相当します。

日本経済新聞電子版　2024年8月28日

　基本的な見方は以下の通りです。

　左端に掲載されている通貨1単位(日本円は100円)を、上記に記載されてある他通貨に交換する際の係数が示されているのです。たとえば1豪ドルをユーロに交換するときには、それがクロスする欄に掲載されている「0.6089」により「1豪ドル」は「0.6089ユーロ」に換えることができるというわけです。

　以前から、ある外貨を他の外貨に交換するときには、いったん円に換えた上でさらにその他の外貨に交換することが、一般に行われていました。しかしこれではコストが二重にかかります。

　そこで最近では、円を経由せず、ある外貨が一気に他の外貨に交換されることも多くなってきています。

　そうした取引に適用されるレートが、ここで示されているのです。

5-7 実効為替レートを読む

> 為替を読むに際して、市場でついたレートだけでなく、貿易量などを加味した実効為替レートを活用すると、読みがより深くなる

　4章で説明したのですが、私たちは為替相場を見るに際して、ともすれば、対米ドルのみを対象にして「円高」とか「円安」と判断しがちです。

　しかし、今のようなご時勢では、少なくとも以下の点において、ちょっぴり為替の見方を変えたほうが（ずらしたほうが）いいように思うのです。

① 為替相場の動きを「円高」「円安」というように円のみを主語において語る（認識する）のではなく、「米ドル安」「ユーロ高」「英ポンド高」「人民元高」といったように、外貨を主語にして為替相場の動きを見ること。

② 少なくとも為替相場の動きは「円」「米ドル」「ユーロ」「英ポ

ンド」「豪ドル」の5通貨の間の関係で見ること。

③ 円相場は、「対米ドル」でのみ判断するのではなく、主要各国との間の貿易量で加重平均した総合的な合成レート（実効為替レートなど）で見ることが往々にして有効だと知ること。

以上3つのうちの①②の重要性についてはすでに述べました。残る1つは③です（実効為替レートの基本は4章で説明）。

実効為替レートの読み方

日経新聞紙上では2種類のデータが示されています。1つは日銀が毎日計算、公表している「**名目実効為替レート指数**」です。これはBIS（国際決済銀行）が採用している方式で算出された日本円についての指数です。指数の性格から数字が大きいほど円が高くなったことを示します（1ドル＝158円といったドル円レートとは逆であることに注意）。以下の日経インデックスも同様です。

```
◇名目実効為替レート指数
 日銀（1999年1月＝100、前日分）
  日本円                    80.78
 日経インデックス（2020年＝100）
  日本円                    75.5
  米ドル                   103.5
  ユーロ                   101.6
```
日本経済新聞　2024年8月20日朝刊

もう1つは「**日経インデックス**」。

これは文字通り、日本経済新聞社が独自に算出する為替インデックスです。

主要な通貨について、各国との間での輸出入金額で加重平均して

得られた加重平均為替レートです。つまり輸出入金額基準での、実効為替相場なのです。

極端に言えば、日本とまったく貿易がない国との為替相場がどれだけ動いたとしても、わが国の輸出入企業の輸出ならびに輸入採算には、まったく影響はありません。この場合には、この実効為替レート（日経インデックス）もまったく動きません。

ここでは、日本円、米ドル、ユーロの3通貨について記載されています。

いずれも、基準年（2020年）時の為替レートに比べて各通貨がどれだけ上がったか下がったかが示されています。
「円＝75.5」とあるのは、2020年に100だった円相場が75.5に下がったことを示しています。つまり、大幅に円安が進んだのですから、輸出企業にとっては、劇的に輸出が有利になったことを意味しています。

なお、4章で取り上げた図では、2000年以降の実効為替レートの動きと一般的な円ドル相場の推移を対照できるように示しておきました。

円ドル相場の動きと実効為替レートの動きは相当異なることが、おわかりいただけたと思います。

column

日経新聞・為替指標の読み方まとめ

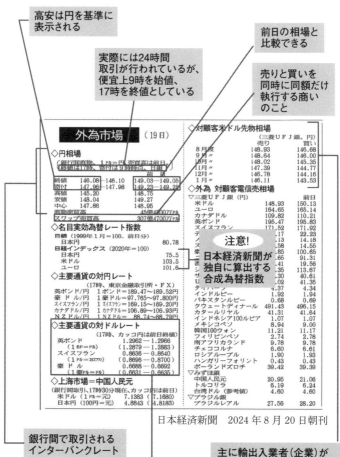

日本経済新聞　2024年8月20日朝刊

6章

What will happen if the yen weakens?

これから どうなる 為替と経済

6-1 円キャリー取引がわかれば世界のお金の動きが見えてくる

> 円が売られるときには他の通貨が一斉に上がり、買われるときには一斉に下がるという一方的な動きを示すのが、2006年以降のグローバルマネーの動きの基本だ

　いまや、投機色の強いヘッジファンド（最新の金融技術を使って、より有利な資金の運用を行う信託商品の一種）に象徴されるマネーが世界中を駆け巡っていることは、よくご存知だと思います。

　こうしたマネーの動きを見るうえで今ぜひ注目しておきたいのが、円キャリー取引です。円を移動させる（持ち出す）といったくらいの意味でしょうか。

　ここでは「円キャリー取引」をめぐる資金の動きを、いくつかのチャートならびに星取表で検証してみようと思います。

　円キャリー取引と一口に言っても、それが意味する内容はさまざまです。狭義では、**ヘッジファンドや海外の機関投資家などが東京市場で超低金利で円を調達し、これを海外に持ち出し、欧米、新興国の高金利の債券や株式などに投資する**一連のプロセスを指します。

この他、**日本の個人が国内で運用されている投資信託を通じて外貨建て資産を購入することも、広い意味での円キャリー取引です。**

リスクに敏感な円キャリー取引のマネー

ところで、このようにして円が売られる場合には、まず米ドルに換えられるのが一般的です。そしてその一部が**米ドル市場**（株式、債券、REIT＝不動産投信、金などの商品）に流入、残りが**英ポンド、カナダドル、豪ドルあるいはロシアルーブルやブラジルレアル**に換えられるのです。当然これらの**市場の証券、商品価格が上がります。**

これが円キャリー取引が進行している時期のお金の流れです。

ところがこのマネーはとてもリスクに敏感なのです。

そこで、こと一朝事あれば、このマネーは容易に逆流します。

たとえば米国で経済が明らかに変調をきたし始めたとか、リビア、シリアなどで政情不安が高まっているといったニュースが、それに当たります。

リスクに敏感になった資金が欧米市場や新興国市場から流出した

場合、その戻っていく先は円なのです。

それを確かめるために、最近の主要通貨の対円相場を記録してみました。下表ならびにグラフをご覧ください。

「円キャリートレード」で世界の資金の流れが見えてくる

	主要通貨の対円為替相場の推移					対前月比での変動率（％）					円相場の相対位置
	米ドル	ユーロ	加ドル	英ポンド	豪ドル	米ドル	ユーロ	加ドル	英ポンド	豪ドル	
2020年	109.30	83.52	121.30	142.87	74.90	0.21	0.86	0.06	-0.09	-0.23	
	110.04	82.82	120.04	142.54	73.32	0.67	-0.84	-1.04	-0.23	-2.10	
	107.58	77.14	118.93	132.94	66.84	-2.23	-6.86	-0.93	-6.73	-8.84	◎
	107.71	76.62	117.04	133.73	67.90	0.12	-0.67	-1.58	0.59	1.58	
	107.23	76.76	116.95	131.93	69.89	-0.45	0.18	-0.08	-1.35	2.92	
	107.60	79.40	121.14	134.73	74.22	0.34	3.45	3.58	2.12	6.21	×
	106.70	79.05	122.51	135.44	75.11	-0.83	-0.45	1.13	0.53	1.19	
	105.56	79.80	124.42	136.65	76.26	-0.43	-0.48	-0.83	-1.91	-0.17	◎
	105.20	79.61	123.81	136.53	74.92	-0.35	-0.24	-0.49	-0.09	-1.76	◎
	104.37	79.87	123.56	137.86	75.97	-0.79	0.33	-0.20	0.97	1.39	
	103.78	81.03	126.29	139.44	78.15	-0.56	1.46	2.21	1.15	2.88	
2022年	114.81	91.01	129.97	155.68	82.40	0.85	2.28	1.00	2.78	1.15	×
	115.24	90.63	130.73	155.97	82.58	0.37	-0.42	0.59	0.19	0.22	
	118.54	93.63	130.60	156.10	87.38	2.86	3.31	-0.10	0.08	5.81	
	126.36	100.08	136.55	163.36	93.08	6.60	6.88	4.55	4.65	6.52	×
	128.84	100.25	136.22	160.27	90.78	1.96	0.17	-0.24	-1.89	-2.46	
	134.00	104.59	141.58	165.06	94.11	4.01	4.33	3.94	2.98	3.66	×
	136.75	105.66	139.02	163.88	93.75	2.05	1.02	-1.81	-0.71	-0.38	
	135.36	104.77	137.01	162.02	94.16	-1.01	-0.85	-1.45	-1.13	0.44	
	143.18	107.52	141.76	162.04	95.64	5.78	2.62	3.47	0.01	1.57	×
	147.21	107.46	144.90	166.55	93.66	2.81	-0.05	2.21	2.78	-2.07	
	142.18	105.74	145.07	167.01	93.90	-3.41	-1.60	0.12	0.28	0.25	
	134.99	99.31	142.90	164.46	91.09	-5.06	-6.08	-1.50	-1.53	-2.99	◎
2023年	130.35	97.12	140.51	159.47	90.64	-3.44	-2.21	-1.67	-3.03	-0.49	◎
	132.98	98.88	142.37	160.75	91.71	2.02	1.81	1.32	0.80	1.18	×
	133.60	97.64	143.09	162.19	89.18	0.46	-1.25	0.51	0.90	-2.76	
	133.52	99.01	146.42	166.20	89.33	-0.06	1.40	2.32	2.47	0.16	×
	137.07	101.39	148.95	171.08	91.03	2.66	2.40	1.73	2.94	1.91	×
	141.32	106.35	153.23	178.49	94.89	3.10	4.89	2.87	4.33	4.24	×
	140.89	106.62	155.88	181.64	94.97	-0.31	0.26	1.73	1.76	0.09	
	144.93	107.47	158.04	184.08	93.94	2.86	0.80	1.39	1.34	-1.08	
	147.85	109.24	157.76	183.03	94.96	2.02	1.64	-0.18	-0.57	1.09	
	149.61	109.08	158.08	182.10	94.92	1.19	-0.15	0.20	-0.50	-0.04	
	149.70	109.20	161.97	186.13	97.39	0.06	0.11	2.46	2.21	2.60	×
	144.07	107.28	157.11	182.31	96.30	-3.76	-1.75	-3.00	-2.05	-1.12	◎
2024年	146.24	108.94	159.42	185.71	97.07	1.51	1.55	1.47	1.87	0.79	×
	149.56	110.78	161.38	188.84	97.53	2.27	1.68	1.23	1.69	0.48	×
	149.72	110.58	162.80	190.37	98.19	0.11	-0.18	0.88	0.81	0.68	
	153.83	112.50	164.97	192.57	100.09	2.74	1.74	1.33	1.16	1.93	×
	155.88	114.03	168.50	196.94	103.25	1.34	1.36	2.14	2.27	3.16	×
	157.85	115.16	169.89	200.70	104.85	1.26	0.99	0.82	1.91	1.55	×
	158.22	115.54	171.73	203.73	105.90	0.23	0.33	1.09	1.51	1.00	×

★円相場の相対的位置の項は円が５通貨中最強の時は×、最弱の時は◎を記した。

各国通貨の強弱感に、ある種の偏りが見られることがわかります。

まず表では「米ドル」「ユーロ」「カナダドル」「英ポンド」「豪ドル」の5通貨の対円相場を示してあります。これを見てわかるとおり、**最近では円は最強かもしくは最弱かのどちらかであることが多い**のです。

ちなみに、数表で見ると全187時点のうち円が最強か最弱かであったのは92時点。つまり全体の2分の1の割合であったことが分かります。

もしランダムな動きであれば最強だった確率は6分の1、最弱だった確率も同じく6分の1。つまり最強もしくは最弱であった確率は3分の1ですから、明らかに円は最強もしくは最弱である確率が高かったと言えます。

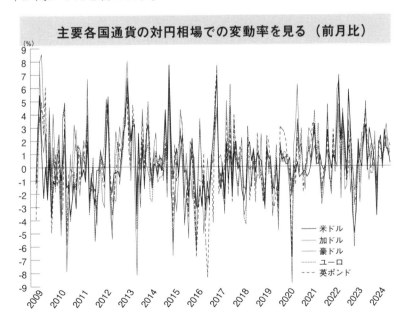

ここで暫定的に、ある判断を下すことができます。
　それは、「**少なくとも短期でみる限り、米ドル、ユーロ、英ポンド、豪ドルに分散しても、リスク分散効果には多くの人が漠然とイメージしているほどには期待できない**」ということです。何しろこれらの通貨は、円に対して買われるときはすべての通貨が買われ、売られるときにはすべての通貨が円に対して弱くなることが多いのですから。

　これは**現在の円をめぐる為替相場が、「円売り・あらゆる外貨買い」か「円買い・あらゆる外貨売り」という一方方向で流れやすい**ことを意味しています。

6-2 世界が不安になると円が買われる理由

> 豊富な民間部門の資産を持つ日本円は、いざという時に、世界中から「買われる」。それにはまっとうな理由がある

　為替相場の変動メカニズムは、3章で説明したような教科書的な説明だけでは十分に理解できないことがままあります。

　そのうちの1つが、「世界が不安になると円が買われる」という経験的に知られる現象です。これをキーワードにすると、グローバルなお金の動きを理解が非常に理解しやすくなることが少なくないのです。

　多くの人にとって、「世界経済が不安定になる」⇒「円が買われて円高になる」。これは直感的に理解しづらいだろうと思います。日本は世界で最も財政がひっ迫している国であるにもかかわらず、なぜ世界経済が不安定になると円が選好されるのでしょう？ この疑問に答えるには、まず国の経済を構成する3つのセクター、すなわち「政府」「民間企業」「家計」に分けて見る必要があります。

　確かに日本政府は巨額の赤字を抱えています。2023年3月末時点で、政府の累積赤字は1200兆円に達し、そのうち国債発行残高が1000兆円を占めています。しかし、民間部門に目を向けると、状況は大きく異なります。民間企業は330兆円の預貯金を持ち、家計部門に至っては2100兆円もの金融資産を保有しています。つまり、**政府部門の多額の負債を帳消しにするくらい、民間部門は豊富な金融資産を持っている**のです。

　さらに重要なのは、日本の対外純資産の状況です。2023年末時点で、日本は**380兆円（2.3兆ドル）の対外純資産**を保有しており、これは世界でダントツのトップです。この高水準の対外資産は、長年の貿易黒字に加え、2000年代以降の日本企業の積極的な海外進出によってもたらされました。

　このような経済構造が、世界経済が不安になると円が選好される主な理由です。具体的には以下の要因が挙げられます。

返済能力の高さ：

　国の通貨の信頼性は、その国がどれだけの資産を持ち、どれだけの稼ぎがあるかにより決まります。日本は国全体として巨額の対外純資産を持っており、必要に応じてそれを回収できる能力があります。これは、通貨としての円の信頼性を高める重要な要素です。

国内での負債調達：

　日本政府の負債の90％以上は国内（企業、家計等）で賄われており、海外への依存度が低いです。一方、たとえば米国などは政府債務の半分を海外に依存しています。国内で資金を調達できているということは、海外からの影響を受けにくいということであり、これも円の安定性に寄与しています。

資金回収の容易さ：

　世界経済が危機に陥った時には、海外に保有する巨額の資産を円に換えて国内に持ち込むことができます。これも、円の安全資産としての地位を保証しています。

　この「資金回収の容易さ」は、過去の大規模災害時の円高現象からも確認できます。1995年の阪神大震災や2011年の東日本大震災後に一時的な円高が進んだのは、このメカニズムによるものです。

　直感的には、国土や産業インフラが大きく損なわれた場合、円は売られるはずだと考えられがちです。しかし実際には、損害保険会社が海外保有の外貨建て資産を処分し、円に換金したり、企業が海外保有の債券や株式を売却し、復興資金として円に換金する動きがありました。

これらは、日本が海外に潤沢な資金・資産を保有しているからこそ可能でした。対外資産がゼロや負債超過の国であれば、大災害時に通貨は売られて大幅下落するはずです。
　つまり、「世界が不安定になると円が買われる」という原則は、**日本の対外的に豊富な資産を保有しているという事実に基づいている**のです。政府部門は多額の負債を抱えていますが、民間企業と家計部門が豊富な資産を保有し、国全体としては世界最大の債権国なのです。

　日本の対外純資産の大きさは、長期的な経済戦略の結果でもあります。長年にわたる輸出主導型の経済成長戦略により、日本は巨額の貿易黒字を積み上げてきました。さらに、2000年代以降は、日本企業の海外進出が加速し、海外での生産拠点の設立や現地企業への投資が増加しました。この結果、日本の対外資産が大幅に増加、世界一の対外純資産国になったのです。
　加えて、日本の個人投資家も、投資信託などを通じて海外の株式や債券に投資しています。これは、日本の家計部門が国内だけでなく、グローバルな資産ポートフォリオを構築していることを意味します。こうした多様な投資活動が、日本全体の対外資産を支える重要な要素となっています。
「世界が不安になれば、円が買われて円高になる」。これは直感的には把握しづらいことであるだけに、日ごろの為替相場を読むうえではとくに意識しておくべきテーマです。

6-3 金利差だけではなく、購買力平価も考慮せよ

> 多くの人はともすればドル円相場の動きを読むに際しては金利差だけに注目することが多い。しかし、これからは購買力平価のメカニズムについても細心の注意が必要だ

　3章で、為替相場が決まるいくつかの基本的なメカニズムについて、ひと通り説明しておきました。

　しかし、過去の実証データに照らせば、どんな時期にどのメカニズムが強く働くか、といったテーマについては言及しませんでした。

　ここでは、中期的なレベルでの為替相場の読み方について、「金利差」と「購買力平価」の2つのメカニズムを実証データをもとに比較検討することにしましょう。

　まず第一に、為替相場の決定要因について「やはり断然金利差なんだわ」と思っておられる方が多いと思われます。「金利差が為替を決める」とお考えになるのも無理はないでしょう。

　実際、過去数年にわたって円ドル相場の動向について報じられるときには、その原因として「金利差」を掲げる情報が圧倒的に多いからです。

いわく「米国はインフレ懸念を払拭するためにさらに利上げを続行する公算大であり、これは日米金利差を拡大させるので円安・ドル高が予想される」とか「米金利は景気失速で利下げを余儀なくされるだろうから、金利差が縮小、ドルが目先売られて下がり、円高になる可能性が高い」といった調子です。

　しかし、これから中長期的に為替相場ならびにそれに根ざした投資戦略を考えるうえでは、こうした金利差だけで為替相場を見るのは、いささか危険だと思います。

金利差だけに注目して為替取引するのが危険な理由

　なぜか。これは次ページの図2つを比較しながらご覧になれば、おわかりでしょう。

　1991年から2001年まで（①）は、金利差よりもインフレ率の差のほうがドル円相場の動きをよりよく説明しています。この時期は、金利差を手掛かりにドル円相場を読もうとすれば結果的に誤った可能性が高かったのです。米国金利が上がって日米金利差が拡大（図中では上昇）しているのに、ドル安・円高（ドル円レートが下落）になっていることが多い。つまりこの図は、「金利が高い（低い）方が為替相場が高く（低く）なる」という理屈が通用していれば、2つのデータは同じ方向で動くように作成されているのです。

　つまり、それが逆行しているという時期は、為替相場の変動を金利差では説明できないことを意味しているのです。

　アベノミクスが始まってから1年後の2014年からの3年間（③）

も同じです。ドル円相場は金利差と逆行するように動いています。

一方、下図は日米のインフレ率の差とドル円相場を並べたものです。

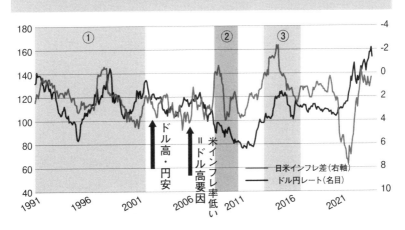

この図は、購買力平価の原理によってドル円相場の動きが説明できるときには、やはり同じようにドル円相場とインフレ率差の2つのデータが同じ方向で動くように描いてあります。
　さてどうでしょう？

　先ほどの金利差では説明できなかった①③の時期は、このインフレ率の差に着目したうえでの購買力平価の考え方がとても有効であったことがわかります。米国の物価が上がり日本のインフレ率との差が拡大（データは下向き）すれば、ドル安・円高（データは下向き）になっているのです。
　ただし、金利差もインフレ率の差もどちらも為替相場をあまりうまく説明することができなかった時期もあります。2009年から2011年までの2年間（②）がそうです。

　この2つの図が示すことは何でしょう。
　1つは、**一見わかりやすい理屈（金利差）だけを手掛かりに為替の動きを読むと間違えることがある**こと。2つ目には、いつの時代も同じ要因で為替相場が動くのではなく、**時期によってその因果関係は異なる**ということです。
　すでに述べた通り、為替相場は金利差やインフレ率だけで決まるわけではありません。株式、債券などの国境を越えた取引や貿易取引などが主導権をとって為替相場を動かすことも多くみられます。

6-4 企業が為替相場の変動から受ける影響を示す為替感応度

> 事業の輸出依存度や通貨建てなど、それぞれの企業で為替感応度は違う

　いまや為替相場からの影響を受けない企業など皆無。その会社が直接、輸出入貿易に携わっていなくても、間接的には間違いなく影響を受けています。カンタンに言えば、電力エネルギーを使っていない事業者などありません。そのエネルギー源の過半は原油並びに天然ガスに依存しており、さらにその97％以上が輸入に依存しています。そしてその輸入価格は、間違いなくドル円相場の変動により動きます。

　とは言え、やはり**為替相場のからの影響を最も大きく受けるのは、直接海外との間で輸出入を日常的に行っている企業**です。

　では個別企業ごとに見た場合、為替相場の変動が収益にどの程度の影響をもたらすか？　これは様々な条件によって異なってきます。

①輸出・輸入のバランス（収支）はどうか

　基本的には**輸出依存度が高い企業は円高により収益減、円安で収益増**となります。業種別に見ると、自動車、機械、化学、半導体等の分野の企業は輸出超過なのが普通です。

②通貨別に見た輸出入のシェア

　輸出入貿易のうち、外貨建て貿易について、米ドル、ユーロ、人民元、韓国ウォン、英ポンド、豪ドル等どの通貨建てが主であるか、という問題です。これは原則として米国の業者相手だと米ドル建てが中心になりますし、オーストラリアとの貿易だと豪ドルが主体になるのは当然です。

③貿易に際しての円建て・外貨建てのバランスはどうか

　これは輸出あるいは輸入に際して、その製品、サービス価格は円建てで決められているのか、それともドルなどの外貨であるか、というテーマです。昨今、日本の貿易全体から見た場合、輸出の35％、輸入の25％が円建てです。

　一般論から言うと、円建て比率の高いほうが為替相場変動からの影響は軽微です。しかし　現実には、p 67 ～ 69 で説明した通り円建てでの輸出でも、為替相場からの影響を受けると考えるべきです。

④主に輸出製品の海外での品質面での競争力はどうか。

　これは計測が困難ですが、たとえば「この半導体センサーはソニーから買わざるを得ない」というなら、円高が進んだとしても、

ドルあるいはユーロ建ての輸出価格の引き上げが比較的容易です。つまり収益に与える影響が少なくて済みます。しかし、「円高だからと言ってドルベースで値上げするというのなら、ほぼおなじ機能の中国製洗濯機がより安く輸入できるからそちらにシフトする」となって、販売数量が落ちる──ということになります。

　実際、過去10数年の間に、いわゆる白物家電と称される冷蔵庫、洗濯機、テレビ、などはコスト対品質、価格面での優位性がほとんど失われてしまった結果、わが国の電機メーカーの多くが苦境に陥ったことは記憶に新しいところです。

　以上、様々な条件のもとで、一定の為替相場の変動によって企業収益がどの程度ブレるかが決まります。またそれは時期によっても異なってきます。

　がともあれ、1ドル＝1円の為替変動でその企業の営業利益をどの程度左右するのかを示す尺度が「**為替感応度**」と呼ばれるものです。普通は**1ドルにつき1円為替相場が変動すれば、営業利益がどの程度ブレるか**という基準で示されます。

　日本の輸出企業の雄であるトヨタ自動車は、1ドル＝1円の変動によって営業収益が4〜500億円程度ブレると聞いたことを思い出す人もあるでしょう。

　一方、対ユーロ取引のほうが圧倒的に多いソニーなどは、ユーロ円相場への為替感応度のほうが格段に影響力が大きいことがわかります。

3月期企業の想定為替レートと感応度
上段がドル、下段がユーロ

企業	想定為替	営業益への感応度
コマツ	125 円	41億円
	133 円	7億円
日立	130 円	10億円
	140 円	5億円
ニデック	120 円	11億円
	130 円	4億円
ソニーグループ	135 円前後	▲5億円
	146 円前後	80億円
トヨタ自動車	125 円	約450億円
	135 円	約60億円
ホンダ（ドル）	125 円	100億円
日銀短観（23年9月）	133 円 91 銭	
	142 円 60 銭	

（注）想定為替レートは 2024 年 3 月期、感応度は 1 円円安が進行したときの年間営業利益への影響額（▲はマイナス影響）。

ソニーGは金融・映画・音楽事業を除く。ホンダは対ドルのみ開示。日銀短観（全国企業短期経済観測調査）は大企業・製造業の事業計画の前提となる 23 年度の想定為替レート

日本経済新聞電子版　2023 年 10 月 4 日

6-5 韓国ウォンが対円で下げれば日本株は安いのはなぜか？

> 貿易相手国との為替相場だけでなく、貿易で競合する国との為替相場も企業業績に大きな影響を与える

　円相場と日本株の関係については、貿易相手国との為替相場の変動を軸に解釈されるのが一般的です。確かにその通り。

　貿易相手国との為替相場が変わることにより、とくに日本の輸出依存型企業の業績が大きく変わることについては再三説明してきたとおりです。

　しかし、ここでは円の対ドルレートではなく、円の対韓国ウォンレートと日本株の関係をピックアップしてみようというのです。さて、そのココロは？

　まずはグラフから見ていただきましょう。次ページのグラフは韓国ウォン対円相場と日経平均株価を並べてみたものです。相当連動していることがわかります。

つまり、ウォンが円に対して上がっている時期には日本株は上がっています。言い方を変えれば、「円安の時には日本株は高い」となるのです。これは円の対ドルの関係を見た場合と同じことです。

ではなぜ、韓国ウォン対円の相場が「円安」になれば日本株は上がり、「円高」だと日本株は下がるのでしょうか。

ここで１つ、キーワードを記すとすれば「サムスン」でしょうね。サムスンと言えば、いまや韓国を代表する総合電機会社です。パソコンは言うに及ばず、昨今ではスマートフォンの分野でもわが国を席巻しているほか、エアコンや高解像度テレビのほか多くのIT関

連機器でもわが国の企業と覇を争っている会社です。あるいは、各種電子機器の分野では、サムスンに次ぐLG電子も国際的なレベルでの巨大輸出企業です。

　これらの企業群は、わが国のパナソニック、ソニー、シャープなどのメーカーと対米輸出をめぐって熾烈な争いを展開しています。

　さてこうした対米輸出という視点から、ウォンと円の為替相場を見た場合、おのずから明らかなのは**「自国通貨が安いほうが企業業績は上がる」という原則**です。

　つまり、対円でウォン高の時には韓国の企業は対米輸出競争力を失います。ということは、円がウォンに対して下げている時期には、日本企業のほうが対米輸出を有利に展開できるわけです。つまり**「円安＝日本企業有利＝日本株高」**となるわけです。

　このように、為替相場が株価に対する影響を見るに際しては、輸出先の通貨（たとえば米ドル）との関係において、自国通貨（円）を見る視点だけではなく、輸出企業が競合しがちな国（韓国）との関係における円相場をチェックすることが有効であることが少なくないことを示唆しています。

6-6 海外債券ファンドの運用成績がこれまで安定していた理由

> 長年にわたり人気を博してきた外債ファンドの収益の源泉は債券と為替。この2つの要素が互いに異なる方向で動きがちなことが、外債ファンドの成績を安定させてきた

　過去20年以上にわたって、わが国の個人投資家にもっとも人気を博してきた投資信託の1つがいわゆる外債ファンドです。つまり、異常に長引くわが国の超低金利に嫌気をさした個人マネーが海外の高金利債券の収益を求め、投資信託を通じて大量に海外にフライトしたのです。

　そして、2021年以降世界的なインフレを受けて、海外の債券利回りが急上昇してきたため、外債ファンドに再び注目が集まっています。ここでは、すでに説明した為替相場に関するいくつかの基本を踏まえた上で、海外債券に投資するファンドの成績の見方の一端をご紹介することにしましょう。

　外債ファンドからもたらされる損益は、別掲式のように分解できます。

> 外貨ファンドの収益＝債券部門損益＋為替部門損益

ここで

> 債券部門の収益＝組入債券のクーポン収益＋組入債券価格の変動損益

だから

> 外貨ファンドの収益
> ＝組入債券のクーポン収益＋組入債券価格の変動損益＋為替部門損益
> 　　　　　①　　　　　　　　　②　　　　　　　　　③

ただしここで、その運用成績をもっとも大きく左右するのは②の「債券価格の変動損益」と③の「為替部門損益」の2つです。そしてこれらはいずれも常に変動しています。ということは、これら②と③の変動の癖を知ることがとても重要なテーマになります。

言い換えると、「組入債券の時価の変動」（②）と、「外国為替相場の変動」（③）の関係いかんによって、このファンドの安定性が決まるということです。これは、分散投資の基本に立ち返ってみればわかることです。

つまり、損益の源泉が2つあった場合、それらが同じ方向で動くのか、それとも逆に動きがちなのかによって、リスクが決まるのです。同じ方向で動けばリスクは分散されないどころか、むしろ倍になるのですから。

ところで現在わが国で運用されている外債ファンドの多くは、米国の債券で運用されています。では、米国の債券の価格とドル円相場はどのような関係にあったのでしょうか。

一見して分かる通り、米国の国債利回りとドル円相場の動きがとても似た動きを示しているのです。つまり、米国国債利回りが上が

れば米ドルが上がり、米国国債利回りが下がればドルも下がるのです。

ところで、この図の意味を読み取るうえで注意が必要なことがあります。

それは、債券については利回り基準で表示し、かつ上に行くに従って利回りが高くなっているため、線が上に伸びれば伸びるほど「利回り上昇＝価格下落」を意味していることです。その理由（わけ）はp139のコラムで説明しておきました。

すなわち、為替相場の線は上に行けば「ドルが上昇」していることを示し、債券利回りの線は、上に行くと「債券価格は下落している」ことを示しているのです。

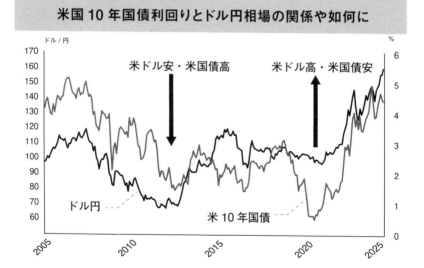

このグラフが示すことは次の通りです。

つまり、ドルが高くなっているときには、債券利回りは上昇（債券価格が低下）しています。逆にドル相場が下がっているときには、債券利回りは低下（債券価格は上昇）しています。すなわち、外債ファンドの損益の２大要素である**債券価格とドル相場が逆に動いていた**のです。

損益の方向がおおむね逆であったということは、組み入れている債券の価格が上がるときには為替相場では損をし、債券価格が下がるときには為替相場で収益を上げたことが多かったということです。

じつはこのメカニズムは、すでに４章で述べたとおりの原則をなぞっているのです。すなわち「金利が高くなればその国の通貨は買われて高くなる」「相対的に金利が下がると通貨は売られて安くなる」というものです（102ページ参照）。

外債ファンドが、過去20年以上にもわたって根強い人気を博してきた理由の１つが、ここにあります。極端に儲かることもなければ、元本を大きく割ることもないという**安定的な運用が可能**だったからです。

6-7 日本株と米株では為替に対する反応は逆?

> 「円高→日本株安」が私たちの「実感」だが、米国では「米ドル高→米株安」ではなく、むしろ逆の関係にあることが多い

　円高が進めば日本株安。為替相場が株価に与える影響について私たちはこんな風に反応するのが常です。

　確かに円高でトヨタの売り上げは減り、株価は下落、というイメージがおおむね正しいことは序章で説明したとおりです。

　では、米国株についてはどうでしょう。おそらく多くの人は「米国も同じじゃないの」と反応されると思うのですね。

　では改めて、円相場と日本株、米ドル相場と米国株の関係を検証しておきましょう。

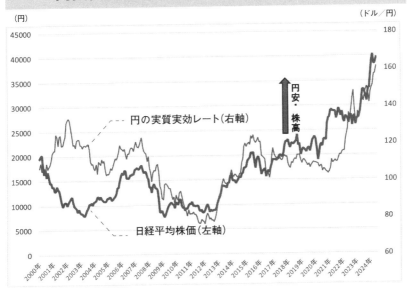

まず日本株と円相場について。ここではドル円相場ではなく、より総合的な円の強弱を表す実質実効為替レートを用いてあります。図に見る通り、たしかに円高時には株価下落、円安時には株価上昇という傾向が明らかです。

しかし、米ドル（実質実効為替レート）と米国株式との関係は必ずしもそうではありません。数ヵ月〜半年程度の短期的なタイムスパンでは米ドル高⇒米株安、米ドル安⇒米株高、という場面もありますが、中〜長期で見ると15年余の間に大幅にドル高が進行するとともに、米国株も大幅高です。日本株と米国株では、自国通貨の上げ下げとの関係が異なるのです。

といえば容易に想像される通り、その大きな理由は日米の貿易収支の違いです。

米国は最近だと、毎年のように8000億〜1兆ドルもの巨額の貿易赤字です。これに対して、日本は2021年後半からは原油価格の高騰を受け輸入超過（貿易収支赤字）になることも多くなりましたが、それ以前はほとんど貿易黒字というのが常でした。

　つまり日本の産業は米国に比べ、輸出企業が軸となっているので自国通貨安⇒株高になりやすく、米国は総じて輸入企業の活動が勝っているため、逆に自国通貨高⇒株高になりやすいのです。

　このことは、こと米国株投資においては株高時にはドル高であるためダブルで収益が得られる一方、株が下がるとドル安も進行していることが多いため、損失がより膨らむ可能性が高いことを示唆しています。

6-8 市場介入

> 相場が必要以上に大きく動いてしまったり、適正な水準ではないと政府や金融当局が判断した場合、市場介入が行われることがある

　世界主要各国の為替レートは、市場での需給バランスに委ねるのが基本。つまり、政府や金融政策当局が介入することを控えるのが原則です。しかし、時には一定の政策目的のもとで外国為替市場に介入することがあります。これが**市場介入**です。

　市場介入を行う理由は2つ。1つは、市場に任せておくと、需給バランスに大きなギャップが生じ、相場が必要以上に大きく動くことで、**経済活動に支障をきたしかねない**からです。この時、相場の乱高下を避けるために中央銀行が市場に出動します。「平衡介入」あるいは「スムージングオペ」とも呼ばれるものです。

　2つ目には、経済実態から見て**為替相場の水準が適切ではないと判断**したときに行われる介入があります。これは介入により特定の水準に為替相場を誘導するものです。

実際に介入するのは中央銀行ですが、あくまで政府の代理人として（政府の依頼を受けて）介入します。住宅建設における設計者と施工者の関係に似ていますね。介入のために用いられる資金は政府が管理している外国為替資金特別会計（外為会計）です。
　日本の最近の例だと、2024年の6〜7月には何度かに分けて数兆円規模の市場介入（ドル売り・円買い）がありました。これは経済実態に照らして円安が行き過ぎているという判断に基づくものでした。しかし、円安の阻止を意図した市場介入はこれまであまり例はありません。多くの場合は、行き過ぎた円高にブレーキをかけるための円売り・ドル買いが一般的だったのです。

　なお、日銀は東京市場のほか、海外市場で介入を行なうこともあります。この場合、その国の通貨当局に介入の実施を依頼する委託介入というかたちがとられます。
　また、一国の中央銀行が単独で行なう市場介入だけではなく、各国の中央銀行が互いに協調し合うことがあります。これはとくに協調介入と呼ばれます。

　海外では、この市場介入の実態については事後的にも公表されないのが普通ですが、日本では、1ヵ月ごとに介入額の総額が公表されるほか、4半期ごとに財務省から「外国為替平衡操作の実施状況」のデータがHP上で公開されます。
　なお、こうした政府、中央銀行による介入は一時的な効果はあるものの、中期的な為替相場のトレンド（うねり）を変えるほどの力はない、との見方が今日では優勢です。

ただし、一時的にせよ市場介入は為替相場には相当の影響を与えるわけですから、金融機関など為替担当者は時に応じてその可能性について注意を怠たることはできません。

　いよいよ介入が実施されそうだとなると、もっとも有力なシグナルとなるのは日銀によるレートチェックです。介入しようとする水準で取引注文を出して売り、買いレートを提示させます。そしてその後注文をキャンセルします。この段階まで進むと、「市場介入間近し」となるのです。

　なお、わが国が相応の介入を行うに際しては、前もって非公式に米国の了解を得ることになっていることは公然の秘密です。

著者
角川総一（かどかわ・そういち）
1949 年大阪生まれ。北野高校から京都大学文学部に進む。1973 年、中退。

1975 年 8 月から 1985 年まで債券専門新聞（公社債新聞、日本債券新聞＝いずれも現在はなし）の記者として債券市場の自由化の歴史をつぶさに取材。主に分析、解説記事を発表。わが国における債券流通市場の草創期に立ち会えたことはとても幸運だったと思う。

専門新聞社を退職・独立後はビジネス雑誌、金融業界誌、マネー誌等で多くの金融・経済、マネー記事を投稿、連載。同時に、経済、金融、投資（債券、株式、為替、金利・利回り計算）の啓蒙書のほか通信教育用テキストを多数執筆。2000 年ごろからは啓蒙的な記事に加え、金融評論なども新聞、雑誌、経済誌の Web サイトなどに発表し始める。

1990 年ごろ、マッキントッシュ（Mac）に出会ったことをきっかけに、投資信託（個別ファンド）のデータベースを本格的に作成。(株)金融データシステムを設立、わが国初の投資信託データブックを刊行。さらに個別ファンドのパフォーマンスについてのチャート集を作成・発行するなど投信の評価活動を日本で初めてスタート。大手証券 4 社並びに投信会社、メガバンク、金融情報ベンダー、大学の研究室にもデータを継続的に提供した。が、外資系並びに新聞社系の大手が投信評価の分野に本格進出してきたことで 2008 年ごろ、投信のデータ分析業務からは撤退。

一方、独立してからは金融機関、経済諸団体、金融教育機関、各種 FP センター等で多くの研修・講演に携わる。主なテーマは経済・金融メカニズム、マーケット感覚養成のための基礎スキル。経済・金融リテラシー向上のために独自で開発した「4K1B の図」を使った連想ゲームならびに実際の日経新聞を用いたデータウオッチングの学習プログラム、さらには各種データを駆使した経済、投資分析技法は好評を博している。常に念頭に置いているのは「仮説を立てる」「実証データで検証する」「経済現象を連想的に見る」「データを定点観測する」「メディア情報のバイアスを見抜くために最低限の経済・金融データ検索能力を持つ」こと。
主な著書に、「経済の動きが 100％わかるようになる！金利のしくみ見るだけノート」（宝島社）、「金融データに強くなる投資スキルアップ講座」（日本経済新聞社）、「日本経済新聞の歩き方」（ビジネス教育出版社）等がある。

過去の主な講演・研修などの経歴
金融広報中央委員会年次総会ゲストスピーカー（日本銀行）／野村證券 FP 研修講師／東京商工会議所／常陽銀行／十八銀行／八十二銀行／北国銀行／岩手銀行／千葉銀行／阿波銀行／横浜銀行／宮崎銀行／静岡銀行／スルガ銀行／福岡銀行／百五銀行／伊予銀行／りそな銀行／四国銀行／西日本シティ銀行／紀陽銀行／福岡信連／静岡信連／全国信用金庫協会／北海道信用金庫協会／文京女子大学／ダイヤモンド ZAI 発刊記念講演会シンポジウムパネラー／金融財政事情研究会３５周年記念シンポジウムパネラー／経済企画庁・全国消費者問題国民会議シンポジウムパネラー／名古屋市立大学主催・年金を考えるシンポジウムパネラー／明治大学公開講座等

決定版　為替が動くとどうなるか

2024 年　9 月 30 日 初版発行
2024 年 11 月 20 日 第 5 刷発行

著者	角川総一
発行者	石野栄一
発行	明日香出版社
	〒112-0005 東京都文京区水道 2-11-5
	電話 03-5395-7650
	https://www.asuka-g.co.jp
デザイン	大場君人
組版協力	末吉喜美
印刷・製本	シナノ印刷株式会社

©Soichi Kadokawa 2024 Printed in Japan
ISBN978-4-7569-2364-6

落丁・乱丁本はお取り替えいたします。
内容に関するお問い合わせは弊社ホームページ（QR コード）からお願いいたします。

併読オススメ

本書と同時発売。「金利のない世界」しか知らない私たちがこれから直面すること

黄緑

決定版
金利が上がるとどうなるか
What happens if interest
金融データシステム代表
角川総一
Soichi Kadokawa

経済のしくみを知り、有利に投資するために。
金利のある世界へ、ようこそ。

そして、どこまで上がるのか。

すでに物価は上がった、為替は動いた。そして金利が上がると、日本経済は、私のお金は、果たしてどうなる？

序章　「金利がある世界」がやってきた！
1章　はじめての人のための金利の話
2章　金利は世界をこう動かす
3章　私たちをとりまく金利と景気・政策・為替
4章　金利と利回りの基礎
5章　金利の代表・債券の利回りを知る
6章　これからの金利との付き合い方を考える

ISBN978-4-7569-2363-9
A5 並製　本体 1750 円